T0209043

# essentials

*essentials* liefern aktuelles Wissen in konzentrierter Form. Die Essenz dessen, worauf es als „State-of-the-Art" in der gegenwärtigen Fachdiskussion oder in der Praxis ankommt. *essentials* informieren schnell, unkompliziert und verständlich

- als Einführung in ein aktuelles Thema aus Ihrem Fachgebiet
- als Einstieg in ein für Sie noch unbekanntes Themenfeld
- als Einblick, um zum Thema mitreden zu können

Die Bücher in elektronischer und gedruckter Form bringen das Fachwissen von Springerautor*innen kompakt zur Darstellung. Sie sind besonders für die Nutzung als eBook auf Tablet-PCs, eBook-Readern und Smartphones geeignet. *essentials* sind Wissensbausteine aus den Wirtschafts-, Sozial- und Geisteswissenschaften, aus Technik und Naturwissenschaften sowie aus Medizin, Psychologie und Gesundheitsberufen. Von renommierten Autor*innen aller Springer-Verlagsmarken.

Dirk Stein · Dennis Schmidt ·
Serkan Akbay · Tina Jäger

# Finanzierung der
# Digitalen Transformation

Ein Praxisleitfaden für KMU

 Springer Gabler

Dirk Stein
FOM Hochschule für Oekonomie &
Management
Essen, Deutschland

Dennis Schmidt
FOM Hochschule für Oekonomie &
Management
Essen, Deutschland

Serkan Akbay
FOM Hochschule für Oekonomie &
Management
Essen, Deutschland

Tina Jäger
FOM Hochschule für Oekonomie &
Management
Essen, Deutschland

ISSN 2197-6708          ISSN 2197-6716  (electronic)
essentials
ISBN 978-3-658-39439-4          ISBN 978-3-658-39440-0  (eBook)
https://doi.org/10.1007/978-3-658-39440-0

Die Deutsche Nationalbibliothek verzeichnet diese Publikation in der Deutschen Nationalbiblio-
grafie; detaillierte bibliografische Daten sind im Internet über http://dnb.d-nb.de abrufbar.

Planung/Lektorat: Carina Reibold
Springer Gabler ist ein Imprint der eingetragenen Gesellschaft Springer Fachmedien Wiesbaden
GmbH und ist ein Teil von Springer Nature.
Die Anschrift der Gesellschaft ist: Abraham-Lincoln-Str. 46, 65189 Wiesbaden, Germany

# Was Sie in diesem *essential* finden können

- Praktische Erklärungen zu Finanzierungsinstrumenten und deren Eignung zur Finanzierung der digitalen Transformation
- Wichtige Erfolgsfaktoren in Bezug auf digitale Ökosysteme und Daten in Geschäftsmodellen
- Übersicht neuer innovativer Selbstfinanzierungsinstrumente für die Digitale Transformation

# Vorwort

Diese Publikation ist als Handlungsleitfaden in der betrieblichen Praxis für alle kleinen und mittleren Unternehmen (KMU) zur Finanzierung der digitalen Transformation konzipiert. Aufgrund ihres immateriellen Charakters weist die Finanzierung der digitalen Transformation einige Schwierigkeiten auf, die einen erheblichen Einfluss auf die Machbarkeit der Digitalisierung für KMU ausüben. Genau diese Herausforderungen werden in der vorliegenden Publikation thematisiert.

Zusätzlich sind die finanziellen Spielräume der KMU für Zukunftsinvestitionen insbesondere durch die COVID-19-Pandemie überwiegend zusätzlich begrenzt worden.

Das Neue an dieser Publikation ist, dass die klassischen Finanzierungsinstrumente zur Finanzierung der digitalen Transformation im Hinblick auf ihre Eignung im Kontext der Digitalisierung beleuchtet sowie bewertet werden.

Über die klassischen Finanzierungsinstrumente hinaus werden mit den sogenannten „Geschäftsmodellfinanzierungsmustern" die Finanzierungsmöglichkeiten der digitalen Transformation erweitert, die aufzeigen, wie Umsatz, Gewinn und Liquidität gesteigert werden können. Hierdurch soll die Finanzierung in digitale Zukunftsinvestitionen entweder unabhängiger oder gänzlich unabhängig von externen Geldgebern ermöglicht werden. Dieses Werk thematisiert aus der eigenen Praxiserfahrung der Autoren heraus zusätzlich die zehn besten Geschäftsmodellfinanzierungsmuster im Hinblick auf deren Eignung für die Umsetzung der digitalen Transformation. Des Weiteren sollen hierzu praktische Schritt-für-Schritt-Anwendungsempfehlungen aufgezeigt werden.

Dieses Wissen stellt die vorliegende Publikation speziell den KMU für die betriebliche Praxis zur Erleichterung der Durchführung ihrer digitalen Transformation zur Verfügung.

# Zusammenfassung

Das vorliegende Werk befasst sich mit der Finanzierung der Digitalisierung im Sinne der digitalen Transformation (Stichwort: Finanzierung 4.0) für kleine und mittlere Unternehmen (KMU). Hierbei wird einerseits das „Digital Transformation Financing Framework" (DTFF) erläutert, das die Finanzierung der digitalen Transformation mit den klassischen Finanzierungsinstrumenten der Unternehmensfinanzierung aufzeigt. Andererseits werden Selbstfinanzierungsinstrumente auf Geschäftsmodellebene präsentiert, die zusätzliche sowie innovative Handlungsmöglichkeiten für die Umsetzung in Eigenregie und ohne Banken darstellen. Diese Publikation richtet sich insbesondere an kleine und mittelständische Unternehmen, die sich digital transformieren möchten, jedoch die klassischen Finanzierungsinstrumente der Unternehmensfinanzierung nicht oder nur sehr eingeschränkt nutzen können.

# Inhaltsverzeichnis

# Über die Autoren

**Prof. Dr. Dirk Stein** lehrt Digital Business und Entrepreneurship an der FOM Hochschule. Stein ist Autor des DAX DIGITAL MONITOR.

**Dr. Dennis Schmidt** ist CFO der TUS-Gruppe und lehrt Finanzmanagement sowie Behavioral Finance an der FOM Hochschule.

**Prof. Dr. Serkan Akbay** lehrt Turnaround Management und Finanzmanagement an der FOM Hochschule.

**Prof. Dr. Tina Jäger** lehrt Controlling, Wirtschaftsprüfung und Finanzmanagement an der FOM Hochschule.

# Abkürzungsverzeichnis

DTFF   Digital Transformation Financing Framework
HGB   Handelsgesetzbuch
IFRS   International Financial Reporting Standards
KfW   Kreditanstalt für Wiederaufbau
KMU   Kleine und mittlere Unternehmen

# Abbildungsverzeichnis

# Tabellenverzeichnis

Die Digitalisierung im Sinne der digitalen Transformation des Geschäftsmodells hat für nahezu jedes Unternehmen einen sehr hohen Stellenwert, insbesondere hinsichtlich der Aspekte des Wachstums und der Wettbewerbsfähigkeit (Zimmermann 2018, S. 1). Die digitale Wirtschaft verändert das Kundenverhalten sowie die Art und Weise, wie Menschen, Organisationen, Unternehmen und Branchen interagieren (Sauer et al. 2016, S. 15). Es entstehen fortlaufend neue digitale Geschäftsmodelle, wodurch sich Wertschöpfungsketten zu Wertschöpfungsnetzwerken wandeln (Stichwort Ökosysteme – siehe hierzu auch Kap. 5). Die Konsequenz hieraus ist, dass sich Industrien bzw. Branchen grundlegend verändern (Hahn 2018, S. 3 f.; Kreutzer 2021, S. 34). Daher sehen sich Unternehmen gezwungen, ihre bestehenden Geschäftsmodelle konsequent für das digitale Zeitalter zu überdenken und infolge neuer Erkenntnisse die digitale Transformation des eigenen Geschäftsmodells voranzutreiben (Bubolz 2016, S. 17).

Dieses Buch richtet sich insbesondere an kleine und mittlere Unternehmen (KMU) in Deutschland. 99,4 % aller Unternehmen in der Bundesrepublik zählen zu den KMU (Statista 2020, S. 3) und leisten damit einen enormen wirtschaftlichen Beitrag zum Bruttoinlandsprodukt (BMWi 2021, S. 2).Infolgedessen hat die erfolgreiche digitale Transformation des deutschen Mittelstandes eine wesentliche Bedeutung für die künftige „digitale" Wirtschaftskraft Deutschlands (Cole 2017, S. 3).

Der deutsche Mittelstand zeigte sich bei der Umsetzung der digitalen Transformation in den vergangenen Jahren zurückhaltend (Techconsult 2019, S. 9; Cole 2017, S. 32 f.). Gemäß dem Branchenverband Bitkom e. V. verfügt nur jedes dritte Unternehmen über ein zentrale Digitalstrategie (Bitkom 2021). Insbesondere für die Gestaltung dieser fehlen in den jeweiligen Unternehmen die Ideen sowie die finanziellen Mittel, denn der deutsche Mittelstand verfügt im internationalen Vergleich nur über vergleichsweise geringe Eigenkapitalquoten (Creditshelf 2020,

© Der/die Autor(en), exklusiv lizenziert an Springer Fachmedien Wiesbaden GmbH, ein Teil von Springer Nature 2022
D. Stein et al., *Finanzierung der Digitalen Transformation*, essentials,
https://doi.org/10.1007/978-3-658-39440-0_1

S. 38 ff.; Deloitte 2013, S. 7 f.).Dies macht deutsche KMU krisenanfälliger und erschwert die Finanzierung der digitalen Transformation (Dimler et al., 2018a, b, S. 7 f.; Karcher 2018, S. 25 f.).Im Durchschnitt weisen deutsche KMU eine Eigenkapitalquote von knapp 32 % auf (KfW 2020). In den USA oder Großbritannien liegen die Eigenkapitalquoten hingegen bei durchschnittlich 50 %. (FuW 2003).

Erschwerend kommt für viele KMU hinzu, dass aufgrund der COVID-19-Pandemie Eigenmittel benötigt werden oder vorhandene Eigenmittel gar aufgebraucht sind, um die wirtschaftlichen Folgen der Pandemie zu überstehen. Gleichzeitig bewirkt die aktuelle Pandemie, dass die Unternehmen das Thema Digitalisierung im Sinne der digitalen Transformation des Geschäftsmodells immer konsequenter vorantreiben (Gerstenberger 2021, S. 1). Dadurch entsteht für viele KMU mit aufgebrauchten Eigenmitteln das „digitale Pest-Cholera-Dilemma". Dieses beschreibt die Situation, dass der Wettbewerb, der noch über Eigenmittel verfügt, die Digitalisierung während der Pandemie konsequent umsetzen kann. Demgegenüber können dies diejenigen KMU mit aufgezehrten Eigenmitteln in den seltensten Fällen bzw. gar nicht tun. Somit droht der Verlust von Marktanteilen bis hin zur Insolvenz bzw. Schließung.

Ein Nichthandeln – also aufgrund der wenigen oder aufgezehrten Eigenmittel nicht zu digitalisieren – stellt jedoch keine ernsthafte Handlungsoption dar, während der Wettbewerb fleißig digitalisiert. Genau an dieser Stelle setzt dieses Werk zur Finanzierung der digitalen Transformation als praktische Hilfestellung für KMU an.

Die Digitalisierung ist in der Regel mit hohen Investitionskosten verbunden (Winkler et al. 2018, S. 1). Da die KMU in Deutschland durchschnittlich nur über wenige Finanzrücklagen verfügen, kann entweder nur ein geringer Anteil der erforderlichen Investitionsvolumina oder gar nicht mehr mit Eigenmitteln im Status quo des eigenen Geschäftsmodells finanziert werden. Aus diesem Grund wird die Finanzierung der digitalen Transformation im vorliegenden Werk insbesondere für KMU als Adressaten ganzheitlich neu gedacht und bewertet. Denn die Digitalisierung gewährleistet neue Finanzierungsoptionen und damit erweiterte Handlungsoptionen mit dem eigens für diesen Zweck entwickelten „Digital Transformation Financing Framework" (DTFF), mit dem auch jenseits von Banken eine Finanzierung der digitalen Transformation für KMU möglich ist.

Nach dieser Einleitung werden in Kap. 3 die grundlegenden Herausforderungen bezüglich der Finanzierung der digitalen Transformation in Deutschland für KMU behandelt, die insbesondere nach dem deutschen Handelsgesetzbuch (HGB) bilanzieren. Ebenfalls wird dargelegt, weshalb sich Banken so schwertun,

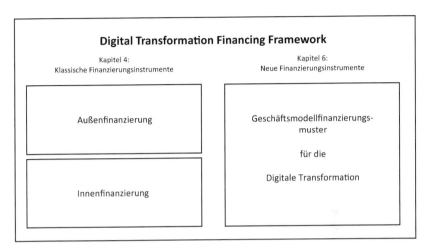

**Abb. 1.1** Digital Transformation Financing Framework. (Quelle: Eigene Darstellung)

die digitale Transformation zu finanzieren. Dies deutet an dieser Stelle bereits an, warum die klassischen Finanzierungsinstrumente für KMU nicht ausreichen sowie weshalb dieses Buch entstanden und notwendig ist.

Das hier vorgestellte „Digital Transformation Financing Framework" betrachtet und bewertet anhand ausgewählter Kriterien zunächst die bekannten sowie klassischen Finanzierungsinstrumente (Kap. 4) wie z. B. Bankkredite und bewertet deren Eignung als Finanzierunginstrument für die digitale Transformation.

Bevor in Kap. 6 die Top 10 der effektivsten Geschäftsmodellfinanzierungsmuster vorgestellt wird, soll zunächst in Kap. 5 auf die Bedeutung von Ökosystemen für die digitale Wirtschaft eingegangen werden, da diese eine unverzichtbare Voraussetzung für das Verständnis der Finanzierungsinstrumente in Kap. 6 darstellen.

Der Bereich der neuen Finanzierungsinstrumente (Kap. 6) wird anhand zahlreicher Beispiele von Geschäftsmodellfinanzierungsmustern betrachtet und bewertet, die es KMU ermöglichen, die eigene digitale Transformation bei keinen oder nur minimal vorhandenen Eigenmitteln auch ohne klassische Banken vorzunehmen. Diesbezüglich eröffnet das DTFF neue Perspektiven und Möglichkeiten.

In der nachfolgenden Abb. 1.1 wird das „Digital Transformation Financing Framework" aufgezeigt:

Bevor in Kap. 4 auf die klassischen Finanzierungsinstrumente und deren Eignung zur Finanzierung der digitalen Transformation eingegangen wird, ist es zunächst unerlässlich, sich im Rahmen des Kap. 3 mit den in Deutschland existierenden Finanzierungs-, Bewertungs- und Kreditratingproblematiken im Kontext der Digitalisierung zu befassen. Hierdurch wird der Leserschaft aufgezeigt, weshalb dieses Werk und das „Digital Transformation Financing Framework", das als Hilfestellung für Unternehmen in Deutschland dient, entstanden sind. Darüber hinaus soll die Notwendigkeit verdeutlicht werden, warum sich Unternehmen mit den in Kap. 6 dargelegten neuen und ergänzenden Finanzierungsinstrumenten zur Erweiterung der Finanzierungsspielräume aus Unternehmenssicht beschäftigen sowie diese nutzen sollten.

## Bibliographie

Bitkom. 2021. Deutsche Wirtschaft läuft der Digitalisierung weiter hinterher. https://www.bitkom.org/Presse/Presseinformation/Deutsche-Wirtschaft-laeuft-der-Digitalisierung-weiter-hinterher. Zugegriffen: 17. Apr. 2021.

BMWi. 2021. Erfolgsmodell Mittelstand. https://www.bmwi.de/Redaktion/DE/Dossier/politik-fuer-den-mittelstand.html. Zugegriffen: 10. Okt. 2021.

Bubolz, Michael. 2016. Digitale Fitness – Wie fit ist Ihre Organisation wirklich? In *Digitalisierung und Transformation in Unternehmen Strategien und Konzepte, Methoden und Technologien, Praxisbeispiele*, Hrsg. Christiana Köhler-Schute, 16–23. Berlin: KS-Energy-Verlag.

Cole, Tim. 2017. *Digitale Transformation – Warum die deutsche Wirtschaft gerade die digitale Zukunft verschläft und was jetzt getan werden muss!*, 2. Aufl. München: Vahlen.

Creditshelf. 2020. Creditshelf Finanzierungsmotor. https://www.creditshelf.com/finanzierungsmonitor. Zugegriffen: 10. Okt. 2021.

Deloitte. 2013. *Digitalisierung im Mittelstand*. Berlin: Deloitte.

Dimler, Nick, Joachim Peter, und Boris Karcher. 2018a. *Unternehmensfinanzierung im Mittelstand*. Wiesbaden: Gabler.

Dimler, Nick, Joachim Peter, und Boris Karcher. 2018b. Trends in der Mittelstandsfinanzierung. In *Unternehmensfinanzierung im Mittelstand*, Hrsg. Nick Dimler, Joachim Peter, und Boris Karcher, 3–20. Wiesbaden: Gabler.

FuW. 2003. Eigenkapitalquote ist im internationalen Vergleich niedrig und wird sich nur langsam verbessern. https://www.fuw.ch/article/eigenkapitalquote-ist-im-internationalen-vergleich/. Zugegriffen: 17. Apr. 2021.

Gerstenberger, Juliane. 2021. *Unternehmensbefragung 2021 – Corona-Krise belastet Unternehmen – Finanzierungsklima trübt sich ein*. Frankfurt: KfW.

Hahn, Christian. 2018. *Finanzierung von Start-up-Unternehmen – Praxisbuch für erfolgreiche Gründer: Finanzierung, Besteuerung, Investor Relations*. Wiesbaden: Springer-Gabler.

Karcher, Fritz. 2018. Der Mittelstand – Motor der deutschen Wirtschaft – und dessen Finanzierungsmöglichkeiten. In *Unternehmensfinanzierung im Mittelstand*, Hrsg. Nick Dimler, Joachim Peter, und Boris Karcher, 21–35. Wiesbaden: Gabler.

KfW. 2020. KfW-Mittelstandspanel 2020 Tabellenband. https://www.kfw.de/PDF/Dow nload-Center/Konzernthemen/Research/PDF-Dokumente-KfW-Mittelstandspanel/KfW-Mittelstandspanel-2020-Tabellenband.pdf. Zugegriffen: 17. Apr. 2021.

Kreutzer, Ralf T. 2021. Treiber und Hintergründe der digitalen Transformation. In *Digitale Transformation von Geschäftsmodellen – Grundlagen, Instrumente und Best Practices*, 2. Aufl., Hrsg. Daniel Schallmo, Andreas Rusnjak, Johanna Anzengruber, Thomas Werani, und Michael Jünger, 37–66. Wiesbaden: Springer.

Sauer, Roman, Martina Dopfer, Jessica Schmeiss, und Oliver Gassmann. 2016. Geschäftsmodell als Gral der Digitalisierung. In *DIGITALE TRANSFORMATION IM UNTERNEHMEN GESTALTEN Geschäftsmodelle – Erfolgsfaktoren – Fallstudien*, Hrsg. Oliver Gassmann und Philipp Sutter, 15–27. München: Hanser.

Statista. 2020. Kleine und mittlere Unternehmen (KMU) in Deutschland. https://de.statista. com/themen/4137/kleine-und-mittlere-unternehmen-kmu-in-deutschland/. Zugegriffen: 10. Okt. 2021.

Techconsult, Deutsche Telekom. 2019. DIGITALISIERUNGSINDEX MITTELSTAND 2019/2020 DER DIGITALE STATUS QUO DES DEUTSCHEN MITTELSTANDS. https://www.digitalisierungsindex.de/wp-content/uploads/2019/11/techconsult_Tel ekom_Digitalisierungsindex_2019_GESAMTBERICHT.pdf. Zugegriffen: 15. Dez. 2021.

Winkler, Marcus, Dieter Stellmach, und Maike Tilebein. 2018. Neue Szenarien der Wertschöpfung für Geschäftsmodelle in der Textilwirtschaft. In *Logistik im Wandel der Zeit – Von der Produktionssteuerung zu vernetzten Supply Chains*, Hrsg. Maike Schröder und Kristin Wegner, 601–628. Wiesbaden: Springer-Gabler.

Zimmermann, Volker. 2018. *KfW Research Fokus Volkswirtschaft – Digitalisierung im Mittelstand: Durchführung von Vorhaben und Höhe der Digitalisierungsausgaben*. Frankfurt a. M.: KfW.

# Finanzierungs-, Bewertungs- und Kreditratingproblematik im Kontext der digitalen Transformation

**Finanzierungsproblematik der digitalen Transformation**

Für den nachhaltigen Erfolg eines jeden Unternehmens muss im Rahmen einer Analyse der Unternehmensstrategie dargelegt werden, ob und in welcher Form das eigene Geschäftsmodell zu einem digitalen Geschäftsmodell transformiert werden soll oder muss (Sauer et al. 2016, S. 23 f.). Bei der Finanzierung von Digitalisierungsvorhaben handelt es sich um Investitionen (Saam et al. 2016, S. 38 f.).

Digitalisierungsvorhaben sind im Vergleich zu anderen betrieblichen Investitionsvorhaben schwieriger zu finanzieren. Die Hürden, eine Finanzierung für die digitale Transformation gewährt zu bekommen, liegen zweifach höher als für Investitionen in Maschinen oder andere materielle Anlagengüter (Zimmermann 2016, S. 2). Fehlende Finanzierungsmöglichkeiten für Digitalisierungsvorhaben hemmen daher mit steigender Tendenz die digitale Transformation von Unternehmen in Deutschland.

Als ein wesentliches Argument der schwer zu erlangenden Finanzierung der digitalen Transformation wird überwiegend der innovative Charakter von Digitalisierungsvorhaben genannt, der zu einer Bewertungsunsicherheit hinsichtlich der Erfolgsaussichten im Sinne der finanziellen Tragfähigkeit durch externe Geldgeber führt (Zimmermann 2018, S. 3, 10 f.). Zudem eignen sich Investitionen in immaterielle Unternehmenswerte nicht, um diese aus Sicht des Kapitalgebers als Sicherheit des etwaigen Kredits nutzen zu können (Zimmermann 2016, S. 2). Als eines der großen Problemfelder werden diesbezüglich immer wieder die Ermittlung und Bewertung von Nutzenaspekten sowie des Ertrags aus der Digitalisierung genannt. Dies bedeutet in der Konsequenz, dass die Finanzierung

D. Stein et al., *Finanzierung der Digitalen Transformation*, essentials, https://doi.org/10.1007/978-3-658-39440-0_2

**Abb. 2.1** Vergleich klassischer Investitionen in Anlagevermögen mit Investitionen in die Digitalisierung. (Quelle: In Anlehnung an Groschupp, C., Finanzierung Digitalisierung, 2016, S. 38)

der Digitalisierung für Unternehmen und insbesondere für KMU immer schwieriger wird, sofern diese für die digitale Transformation ausschließlich auf externe finanzielle Mittel angewiesen sind.

Die Finanzierung von immateriellen Vermögenswerten (und damit auch der digitalen Transformation) sowie von Aufwendungen für die Forschung und Entwicklung gestaltet sich in der Praxis komplex, obwohl grundsätzlich anerkannt wird, dass immaterielle Vermögenswerte wichtige Erträge erwirtschaften können (Ellis und Jarboe 2010, S. 75). Dies hat zur Folge, dass aufgrund von fehlenden finanziellen Mitteln Investitionen in Forschung und Entwicklung unterlassen werden (Howell 2017, S. 1136 f.). Als Konsequenz daraus können auch die Erträge aus diesen Vermögenswerten nicht erwirtschaftet werden (Ellis und Jarboe 2010, S. 75; Howell 2017, S. 1162).

Der wesentliche Grund für die schwer zu erlangende Finanzierung der Digitalisierung durch externe Geldgeber sind die investen Kosten bzw. Ausgaben, auch „Investitionsausgaben" genannt. Hierbei handelt es sich um Ausgaben, die primär in späteren Geschäftsjahren, d. h. mittel- und langfristig, einen Nutzen bzw. Ertrag generieren. Die investen Kosten im Rahmen der digitalen Transformation sind wesentlich höher als bei Investitionen in klassisches Anlagevermögen. Damit sind sie für externe Kapitalgeber schwieriger quantifizierbar und entsprechend risikoreicher. Hierdurch unterscheidet sich die Finanzierungsstruktur bei Investitionen in die Digitalisierung deutlich von Investitionen in klassisches Anlagevermögen (Groschupp 2016, S. 38). Die nachfolgende Abb. 2.1 zeigt diesen Sachverhalt in seiner Struktur auf:

Anhand der obigen Erläuterungen wurde deutlich, weshalb es sich sehr viel schwieriger gestaltet, eine Finanzierung von Digitalisierungsvorhaben durch externe Kapitalgeber zu erhalten.

**Bewertungsproblematik der digitalen Transformation**
Nun soll in diesem Zusammenhang die bilanzielle Bewertungsproblematik für Digitalisierungsvorhaben betrachtet werden, da dieser Aspekt im Rahmen der Finanzierungsproblematik einen wesentlichen Einfluss auf die digitale Transformation ausübt (Ellis und Jarboe 2010, S. 75 ff.).

KMU bilanzieren oft oder ausschließlich nach dem HGB, da diese zumeist nicht am Kapitalmarkt auftreten. Demgegenüber müssen kapitalmarktorientierte Unternehmen gem. EU-Verordnung Nr. 1606/2002 nach den International Financial Reporting Standards (IFRS) bilanzieren (Rödl & Partner 2018, o. S.).

Digitalisierungsausgaben werden in Forschungs- und Entwicklungsaufwendungen differenziert. Das HGB § 255 Abs. 2a regelt, dass für Forschungsaufwendungen ein bilanzielles Aktivierungsverbot und für Entwicklungsaufwendungen ein Wahlrecht zur bilanziellen Aktivierung besteht. Zudem definiert es die Begriffe „Forschung" und „Entwicklung" wie folgt: Forschung ist „die eigenständige und planmäßige Suche nach neuen wissenschaftlichen oder technischen Erkenntnissen oder Erfahrungen allgemeiner Art, über deren technische Verwertbarkeit und wirtschaftliche Erfolgsaussichten grundsätzlich keine Aussagen gemacht werden können" (HGB § 255 Abs. 2a 2021). Anhand dieser HGB-Definition der Forschung wird ersichtlich, dass die betriebliche Digitalisierung bzw. die digitale Transformation in nahezu allen Fällen nicht im Bereich der Forschung anzusiedeln ist, es sei denn, es handelt sich um Unternehmen, die auf diesem Gebiet eine Grundlagenforschung als Geschäftszweck aufweisen.

Der Begriff „Entwicklung" wiederum wird im HGB § 255 Abs. 2a als „die Anwendung von Forschungsergebnissen oder von anderem Wissen für die Neuentwicklung von Gütern oder Verfahren oder die Weiterentwicklung von Gütern oder Verfahren mittels wesentlicher Änderungen" (HGB § 255 Abs. 2a 2021) verstanden. Im Gegensatz zum Begriff der „Forschung" kann die Digitalisierung bzw. die digitale Transformation sehr wohl als „Entwicklung" verstanden und darunter subsumiert werden. Digitale Produkte oder eine eigens entwickelte Smartphone-App eines transformierten Geschäftsmodells sind beispielsweise dem Begriff der „Güter" zuordenbar. Die Entwicklung eines Online-Marktplatzes führt z. B. zu neuen Geschäftsprozessen bzw. im Sinne des HGB zu „Verfahren".

Jedoch findet sich im deutschen Recht noch eine weitere Komplexität: Entwicklungskosten werden nur dann als Vermögenswert aktiviert, wenn die Voraussetzungen für einen solchen gegeben sind. Dies bedeutet, dass der Wert

selbstständig be- und verwertet werden kann. Zudem muss aus dem Vermögenswert wahrscheinlich ein künftiger Nutzen generiert werden (Kohs 2014, S. 2 f.).
Angenommen, die zuvor erwähnte Smartphone-App erfordert eine Reihe anderer
digitaler Komponenten, um den erwarteten Nutzen erbringen zu können – z. B.
die Server im Hintergrund, auf denen die Rechenleistung bereitgestellt wird, die
Speicher sowie die Datenbanken des selbst entwickelten Online-Marktplatzes:
Wäre eine solche App als Vermögenswert aktivierbar? Diese Frage ist jeweils
im Einzelfall zu prüfen, jedoch wird man in 99 % der Fälle zu dem Ergebnis
kommen, dass dies nicht der Fall ist, da diese App ohne die anderen digitalen
Komponenten nicht funktionsfähig und damit im Sinne des Gesetzes nicht einzeln
verwertbar ist.

Das HGB folgt dem Gläubiger- sowie dem Vorsichtsprinzip, sodass ein Ansatz
immaterieller Vermögenswerte für selbst entwickelte digitale Lösungen nahezu
nicht möglich ist (Eierle et al. 2019, S. 439 f.). Geschäftsmodelländerungen und
damit auch die digitale Transformation von Geschäftsmodellen erfüllen zumeist
nicht die gesetzlich zulässigen Ansatzkriterien, sodass diese in der Regel nicht
aktiviert werden können (Loitz 2018, o.S.). Im handelsrechtlichen Jahresabschluss
sind Investitionen in die Digitalisierung daher oftmals nicht ersichtlich. Effektiv
erschwert die deutsche Gesetzgebung des HGB die digitale Transformation für
Unternehmen durch die antiquierte gesetzliche Behandlung der Digitalisierung.

*Besonderheit für Unternehmen bei IFRS-Bilanzierung:* Der Ausweis des
immateriellen Vermögens nimmt lediglich durch Ausnutzung des Aktivierungs-
wahlrechtes von Entwicklungsprojekten (d. h. bei der IFRS-Bilanzierung) sowie
des Kaufs von Digitalisierungslösungen und der Akquisition von Unternehmen
(Aktivierung Goodwill des gekauften Unternehmens) zu (Eierle et al. 2019,
S. 445).

An dieser Stelle sei noch darauf hingewiesen, dass die Aktivierung von digitalen Lösungen als immaterielle Vermögenswerte nach dem HGB möglich ist,
sofern die Digitalisierung bzw. die digitale Transformation als Lieferung sowie
Leistung per Kaufvertrag erworben wurde und somit nicht selbst entwickelt wird.
Zwar erscheint dies paradox, jedoch ist dies die Sachlage.

Unternehmen, die nach HGB bilanzieren, sind an dieser Stelle zu kreativen
Lösungen aufgefordert, denn das Gesetz schließt diesbezüglich auf der einen Seite
die Türe und öffnet diese an anderer Stelle zur Aktivierung wieder.

**Kreditratingproblematik der digitalen Transformation**
Bevor ggf. die Möglichkeit genutzt wird, die Digitalisierung als immateriellen Vermögenswert zu aktivieren, sollten die Auswirkungen dessen vorher

genauestens in Betracht gezogen werden. Aus den zuvor dargestellten gesetzlichen Problematiken resultiert für Unternehmen eine nicht zu unterschätzende Folgeproblematik: die Verschlechterung des Kreditratings.

Die Ratings der Geschäftsbanken und Sparkassen basieren auf der Auswertung vergangenheitsorientierter Bilanzkennzahlen (Bergmacher und Hofbauer 2008, S. 18 f.). Darüber hinaus werden immaterielle Vermögenswerte im Rahmen der Jahresabschlussanalyse vom wirtschaftlichen Eigenkapital abgezogen und verschlechtern das Kreditrating (Lachnit und Müller 2017, S. 70, 275 ff.). Daher nimmt die digitale Transformation mit ihren Zukunftsaussichten bei der Bewertung durch die Geschäftsbanken und Sparkassen nur eine unzureichende Bedeutung ein (Eierle et al. 2018, S. 445 ff.; Ellis und Jarboe 2010, S. 75 ff.).

An dieser Stelle sei nochmals an die Bedeutung und Besonderheit der investiven Kosten der Digitalisierung mit ihren Herausforderungen bezüglich der Bewertung künftiger Erträge erinnert, die im ersten Teil des vorliegenden Kapitels im Kontext der Finanzierungsproblematik thematisiert wurden. Somit schließt sich der Kreis der drei wichtigen Aspekte Finanzierungs-, Bewertungs- und Kreditratingproblematik der betrieblichen Digitalisierung. In diesem Kontext bleibt zudem grundsätzlich festzuhalten, dass digitale Geschäftsmodelle in der Regel zu veränderten Cashflows und Working-Capital-Bedarfen führen. Damit ändern sich auch die Anforderungen an die Finanzierung selbst sowie an etwaige Kapitalgeber wie z. B. Banken und an das eigene Liquiditätsmanagement zur Finanzierung der digitalen Transformation.

Somit wurde die Notwendigkeit verdeutlicht, weshalb sich Unternehmen mit neuen und ergänzenden Finanzierungsinstrumenten zur Erweiterung ihrer Finanzierungsspielräume aus Unternehmenssicht beschäftigen und diese nutzen sollten. Dieser Aspekt wird in Kap. 6 näher beleuchtet. Zunächst sollen im folgenden Kap. 4 jedoch die klassischen Finanzierungsinstrumente und deren Eignung zur Finanzierung der digitalen Transformation dargestellt werden. Auch wird die Bedeutung von Ökosystemen für die digitale Wirtschaft aufgezeigt (Kap. 5), da diese eine unverzichtbare Voraussetzung für das Verständnis der Finanzierungsinstrumente in Kap. 6 darstellen.

## Bibliographie

Bergmacher, Sabine, und Günter. Hofbauer. 2008. *Optimales Rating für KMU: So überzeugen Sie Ihre Bank*. Erlangen: Publics Corporate Publishing.

Eierle, Brigitte, Florian Ther, und Andreas Kreß. 2019. Die Abbildung der Digitalisierung in der handelsrechtlichen Finanzberichterstattung nicht kapitalmarktorientierter Unternehmen in Deutschland. In *Geschäftsmodelle in der digitalen Welt, Strategien, Prozesse und Praxiserfahrungen*, Hrsg. Wolfgang Becker, Brigitte Eierle, Alexander Fliaster, Björn. Ivens, Alexander Leischnig, und Alexander Pflaum, 435–454. Wiesbaden: Gabler.

Ellis, Ian Jarboe, und Kenan Patrick. 2010. Intangible Assets Innovative Financing for Innovation *Science and Technology* 26: o.S.

Groschupp, Christian. 2016. *Digitalisierung – Zentraler Veränderungstreiber für Geschäftsmodelle und deren Finanzierung – Teil II*. München: Dr. Wieselhuber & Partner.

Handelsgesetzbuch, § 255 Abs. 2 a. https://handelsgesetzbuch.net/paragraph-255. Zugegriffen: 17. Apr. 2021.

Howell, Sabrina T. 2017. Financing Innovation: Evidence from R&D Grants. *AMERICAN ECONOMIC REVIEW* 107(4):1136–1164.

Kohs, Christiane. 2014. *Wesentliche Bilanzierungsunterschiede zwischen HGB und IFRS dargestellt anhand von Fallbeispielen*. Düsseldorf: Hans-Böckler-Stiftung.

Lachnit, Laurenz, und Stefan Müller. 2017. *Bilanzanalyse – Grundlagen – Einzel- und Konzernabschlüsse – HGB- und IFRS-Abschlüsse – Unternehmensbeispiele*. Wiesbaden: Springer.

Loitz, Rüdiger. 2018. Die Digitalisierung stellt IFRS auf die Probe. https://www.pwc.de/de/im-fokus/digitale-abschlusspruefung/die-digitalisierung-stellt-die-ifrs-auf-die-probe.html. Zugegriffen: 10. Oktober 2021.

Rödl & Partner. 2018. Mittelstand und internationale Rechnungslegung – Chancen der IFRS-Anwendung nutzen. https://www.roedl.de/themen/entrepreneur/konzernstruktur-mittelstand/mittelstand-international-rechnungslegung-ifrs. Zugegriffen: 4. Nov. 2021.

Saam, Marianne, Viete Steffen, und Schiel, Stefan. 2016. *Digitalisierung im Mittelstand: Status Quo, aktuelle Entwicklungen und Herausforderungen – Forschungsprojekt im Auftrag der KfW Bankengruppe*. Mannheim: ZEW.

Sauer, Roman, Martina Dopfer, Jessica Schmeiss, und Oliver Gassmann. 2016. Geschäftsmodell als Gral der Digitalisierung. In *DIGITALE TRANSFORMATION IM UNTERNEHMEN GESTALTEN Geschäftsmodelle – Erfolgsfaktoren – Fallstudien*, Hrsg. Oliver Gassmann und Philipp Sutter, 15–27. München:Hanser.

Zimmermann, Volker. 2016. *KfW Research Fokus Volkswirtschaft Der Zugang zu Krediten unterscheidet sich je nach Vorhaben erheblich*. Frankfurt a. M.: KfW.

Zimmermann, Volker. 2018. *KfW Research Fokus Volkswirtschaft – Digitalisierung im Mittelstand: Durchführung von Vorhaben und Höhe der Digitalisierungsausgaben*. Frankfurt a. M.: KfW.

# Klassische Unternehmensfinanzierung 3

Mit diesem Kapitel beginnen die Ausführungen zu den klassischen Finanzierungsinstrumenten des „Digital Transformation Financing Framework". Zur verbesserten Orientierung der Leserschaft wird der Fokus in der nachfolgenden Abb. 3.1 grafisch aufgezeigt:

Das vorliegende Kapitel dient der Systematisierung klassischer Finanzierungsmöglichkeiten für KMU. In diesem Werk erfolgt die Kategorisierung der Kapitalbeschaffung aus Sicht des Unternehmens in Bezug auf die Mittelherkunft. Die nachstehende Abb. 3.2 visualisiert die Differenzierung der Finanzierungsquellen.

Durch die Begriffe Außen- und Innenfinanzierung wird unterschieden, woher das Kapital für die Finanzierung physisch stammt. Wird es der Firma von außen zugeführt, dann wird von einer „Außenfinanzierung" gesprochen. Befindet sich das Kapital über Umsatz, Gewinn oder Aktivposten wiederum bereits im Zugriff der Unternehmung und wird dann zur Finanzierung eingesetzt, so wird dies als „Innenfinanzierung" bezeichnet (Ermschel et al. 2016, S. 115).

Am Ende dieses Kapitels, in Abschn. 4.3, werden die angeführten klassischen Finanzierungsinstrumente im Hinblick auf ihre Eignung zur Finanzierung der Digitalisierung bzw. der digitalen Transformation bewertet (siehe Tab. 3.1).

## 3.1 Außenfinanzierung

Bei der Außenfinanzierung erhalten Firmen das Kapital entweder über den Kapitalmarkt direkt von einzelnen Kapitalmarktakteuren oder Institutionen, bspw. Banken, oder auch über den öffentlichen Kapitalmarkt. Dabei wird die Außenfinanzierung wie in Abb. 3.3 dargestellt in die drei Segmente Eigenkapital, Mezzanine und Fremdkapital unterschieden (Thommen et al. 2020a, b, S. 309).

© Der/die Autor(en), exklusiv lizenziert an Springer Fachmedien Wiesbaden GmbH, ein Teil von Springer Nature 2022
D. Stein et al., *Finanzierung der Digitalen Transformation*, essentials,
https://doi.org/10.1007/978-3-658-39440-0_3

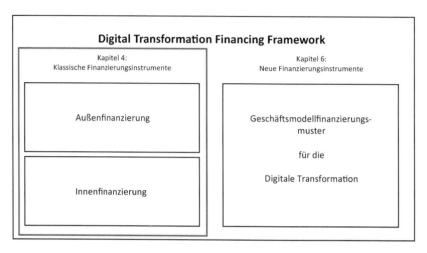

**Abb. 3.1** Digital Transformation Financing Framework im Kontext klassischer Finanzie-rungsinstrumente. (Quelle: Eigene Darstellung)

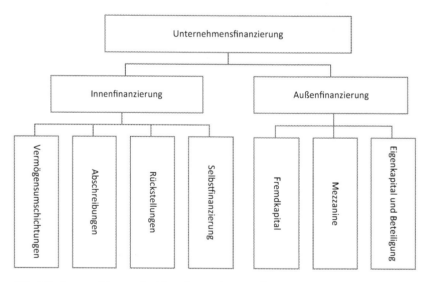

**Abb. 3.2** Systematisierung der Finanzierungsformen. (Quelle: In Anlehnung an Thommen et al., Allgemeine Betriebswirtschaftslehre, 2020, S. 310)

**Tab. 3.1** Zusammenfassende Bewertung klassischer Finanzierungsinstrumente

| Finanzierungsinstrumente | Kurzfristige Umsetzung (< 3 Monate) | Mittelfristige Umsetzung (> 3 < 9 Monate) | Erhöhung Liquidität und Cashflow | Überwiegend in Eigenregie ohne Einbindung Dritter (z. B. Banken, Juristen etc.) umsetzbar | Keine oder geringe formale (externe) Anforderungen an Bereitstellung von Unternehmensinformationen an Dritte | Zusammenfassende Bewertung |
|---|---|---|---|---|---|---|
| Eigenkapital | ✓ | ✓ | ✓ | | | ○ |
| Mezzanine-Kapital | | ✓ | ✓ | | | ○ |
| Lieferantenkredit | ✓ | | ✓ | ✓ | ✓ | ● |
| Kundenkredit | ✓ | | ✓ | ✓ | ✓ | ● |
| Kontokorrentkredit | | ✓ | ✓ | | | ● |
| Diskont- und Akzeptkredit | ✓ | | ✓ | ✓ | | ● |
| Factoring & Forfaitierung | | ✓ | ✓ | | | ● |
| Klassisches Darlehen | | ✓ | ✓ | | | ● |
| Hypotheken- und Grundschulddarlehen | ✓ | | ✓ | | | ○ |
| Schuldscheindarlehen | ✓ | | ✓ | | | ○ |
| Anleihe | | ✓ | ✓ | | | ○ |
| Leasing | ✓ | | ✓ | | | ○ |
| Selbstfinanzierung | ✓ | | ✓ | ✓ | ✓ | ○ |
| Finanzierung aus Rückstellungen | ✓ | | ✓ | ✓ | ✓ | ○ |
| Finanzierung aus Abschreibungen | ✓ | | ✓ | ✓ | ✓ | ○ |
| Finanzierung aus Vermögensumschichtungen | ✓ | | ✓ | ✓ | ✓ | ○ |

Quelle: Eigene Darstellung

**Abb. 3.3** Systematisierung der Außenfinanzierung. (Quelle: In Anlehnung an Thommen et al., Allgemeine Betriebswirtschaftslehre, 2020, S. 310)

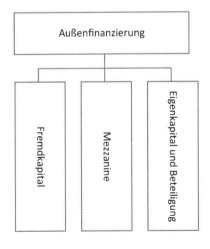

## 3.1.1 Eigenkapital

Bei Eigenkapital handelt es sich um das Kapital, das dem Unternehmen dauerhaft bzw. unbefristet zur Verfügung steht. Diese Art der Finanzierung ist typisch für die Gründungsfinanzierung eines Unternehmens. Im Rahmen von Kapitalerhöhungen oder zusätzlichen Gesellschaftereinlagen kann diese Finanzierungsform auch laufend vorkommen (Thommen et al. 2020a, b, S. 326 ff.).

Erwirbt ein Investor Anteile an einer Gesellschaft, dann erhält dieser als Kapitalgeber bei der Einlagen- oder Beteiligungsfinanzierung grundsätzlich einen Anspruch am Gewinn und am Vermögen des Unternehmens. Ferner erlangen die Kapitalgeber sogenannte Vermögens- und Verwaltungsrechte, die z. B. ein Mitspracherecht im Unternehmen garantieren. Je nach Rechtsform des Unternehmens ist dabei das Risiko des Investors auf die Höhe der geleisteten Einlage begrenzt. Zudem hängt die Struktur des Eigenkapitals von der gewählten Rechtsform ab (Thommen et al. 2020a, b, S. 326 ff.).

Typischerweise sind KMU nicht an der Börse notiert. Ein Großteil der Unternehmungen aus dem Mittelstand sind GmbHs, Personengesellschaften, Einzelfirmen oder eben nicht börsennotiert AGs. Zur Akquise von Eigenkapital können diese Unternehmen meist nur auf die vorhandenen Gesellschafter als Kapitalgeber zurückgreifen. Auf eine Erweiterung des Gesellschafterkreises folgt in der Praxis, sofern es sich nicht um eine stille Beteiligung handelt, häufig auch eine Veränderung im Management. Alternativ gibt es insbesondere für wachstumsorientierte Unternehmen die Möglichkeit, über den privaten Kapitalmarkt Eigenkapital zu akquirieren. Hierzu zählen Finanzierungsquellen wie Business Angel oder Private Equity. Der zeitliche Horizont der zuvor genannten Investorengruppe ist jedoch nicht unbefristet, sondern mittel- bis langfristig. Ein Ausstiegsszenario ist Bestandteil der Anlagestrategie von Business Angels und Private-Equity-Gesellschaften. Daher werden diese Eigenkapitalgeber als „Finanzinvestoren" bezeichnet und nicht als „strategische Investoren", wie es bei den klassischen Gesellschaftern der Fall ist.

Dem Eigenkapital wird eine wichtige Bedeutung zugesprochen, da dieses zum einen die finanzielle Basis einer jeden Firma bildet und zum anderen als Risikopuffer dient. Der Einsatz von Eigenkapital ist praktisch für jede Investition bzw. Mittelverwendung in einer Firma möglich. Eigenkapitalgeber sind vor allem an einer Maximierung der Gewinne interessiert. In diesem Sinne unterstützen sie alle Maßnahmen, die dieser Zielerreichung dienen.

## 3.1.2 Mezzanine

Das Mezzanine-Kapital stellt eine Zwischenform von Eigen- und Fremdkapital dar. Dabei werden Eigenschaften beider Varianten in einer Finanzierungsform vereint. Je nach Ausgestaltung des Mezzanine-Kapitals handelt es sich handels- bzw. steuerrechtlich um Eigen- oder Fremdkapital. Allgemein gilt diese Art des Kapitals als flexibe (Dimler et al. 2018a, b, S. 32; Eilenberger und Haghani 2008, S. 96; Grunow und Figgener 2006, S. 191 ff.). Aufgrund dieser großen Flexibilität sowie Anpassungsfähigkeit an die jeweilige Unternehmenssituation und -struktur wird Mezzanine-Kapital u. a. bei der Finanzierung von Wachstumsunternehmen, Akquisitionen oder auch Unternehmensübernahmen durch ein externes oder internes Management eingesetzt.

Im Bereich der KMU wird Mezzanine dann präferiert, wenn rechtliches Eigenkapital aufgenommen werden, jedoch kein Mitspracherecht aufseiten des Kapitalgebers bestehen soll. Aufgrund der höheren Renditeerwartungen ist Mezzanine-Kapital i. d. R. kostenintensiver als Fremdkapital.

## 3.1.3 Fremdkapital

Bei Fremdkapital handelt es sich um Kapital, das dem Unternehmen durch Gläubiger zugeführt wird. Fremdkapitalgeber erhalten durch die Zurverfügung- stellung von Kapital kein Eigentum an der Firma. Durch die Finanztransaktion entsteht ein schuldrechtliches Verhältnis, das bis zur Fälligkeit bestehen bleibt. Im Gegensatz zum Eigenkapital wird das Fremdkapital seitens der Kapitalgeber nur für eine bestimmte Zeit zur Nutzung geliehen. Die Fremdkapitalgeber haben Anspruch auf Verzinsung und Rückzahlung des Kapitals zu einem vereinbarten Termin. Da kein Beteiligungsverhältnis vorhanden ist, existiert grundsätzlich kein Mitsprache- oder Entscheidungsrecht am Unternehmen (Thommen et al. 2020a, b, S. 350).

Die Hauptfunktionen von Fremdkapital sind die Kapitalbedarfsdeckung in Fäl- len, in denen das verfügbare Eigenkapital nicht ausreicht, sowie die Optimierung der Kapitalstruktur. Durch Kapitalaufnahme oder Tilgung kann es flexibel an den Kapitalbedarf angepasst werden. Mittels der Verwendung von Fremdkapital kön- nen die durchschnittlichen Kapitalkosten einer Firma gesenkt werden, da dieses meist günstiger ist als Eigenkapital.

Die verschiedenen Instrumente der Fremdfinanzierung werden nach der Fris- tigkeit des Kapitals gegliedert. Dabei werden allgemein Kredite mit einer Laufzeit bis zu einem Jahr als „kurzfristig", solche mit einer Laufzeit über ein bis unter fünf Jahre als „mittelfristig" und Finanzierungsquellen mit einer Laufzeit von mehr als fünf Jahren als „langfristig" definiert.

**Kurzfristiges Fremdkapital**
Nachfolgend werden mit dem Lieferanten-, Kontokorrent-, Kunden-, Diskont- und Akzeptkredit, dem Factoring sowie der Forfaitierung zunächst kurzfristige Fremdkapitalinstrumente dargestellt und kurz erläutert.

**Lieferantenkredit**
Bei einem Lieferantenkredit wird dem Kunden durch den Lieferanten ein Zahlungsziel eingeräumt. Die Zahlungsfrist liegt in Deutschland i. d. R. bei 30 Tagen. Jedoch können die Zahlungsziele auch kürzer oder bedeutend länger sein und sind von der Marktmacht des Kunden abhängig. Der Lieferantenkredit wird formlos und ohne besondere Sicherheiten gewährt und bietet in dieser Hinsicht im Vergleich zu einem Kredit von einer Bank Vorteile (Thommen et al. 2020a, b, S. 350).

**Kundenkredit**
Anzahlungen von Kunden werden als „Kundenkredit" definiert und sind vor allem in der Investitionsgüterindustrie sowie im Baugewerbe üblich. Bei den Investitionen handelt es sich typischerweise um höherpreise und individualisierte Güter. Hierbei zahlt der Kunde entweder direkt bei Auftragserteilung oder bei Teilfertigstellung einen vorher festgelegten Anteil des Verkaufspreises. Mit dieser Anzahlung kann die Firma zumindest einen Teil der Herstellungskosten auf den Kunden abwälzen. Die Rückzahlung des Kundenkredites erfolgt nicht in Form von Geld, sondern in produzierten Gütern. Außer der Finanzierungsfunktion selbst wird durch Kundenkredite auch das Unternehmensrisiko vermindert, da das produzierende Unternehmen eine gewisse Sicherheit erhält, dass die Waren nach Fertigstellung tatsächlich abgenommen werden (Ermschel et al. 2016, S. 127; Thommen et al. 2020a, b, S. 350).

**Kontokorrentkredit**
Der Kontokorrentkredit stellt eine von einem Kreditinstitut bereitgestellte Kreditlinie dar. Innerhalb dieser kann das kreditnehmende Unternehmen frei und flexibel verfügen. Kosten entstehen dem Kreditnehmer, abgesehen von möglichen Bereitstellungsprovisionen, nur auf den tatsächlich in Anspruch genommenen Kreditbetrag in Form von Zinsen. Daher eignet sich der Kontokorrentkredit zur

kurzfristigen Vorfinanzierung, insbesondere für einen Kapitalbedarf, der sich wiederholt, aber in der Höhe divergiert (Ermschel et al. 2016, S. 127; Thommen et al. 2020a, b, S. 351).

### Diskont- und Akzeptkredit

Grundlage des Diskont- und Akzeptkredites ist der sog. Wechsel. Hierbei handelt es sich um eine schriftliche, unbedingte, befristete sowie abstrakte Verpflichtung zur Zahlung einer bestimmten Geldsumme zugunsten des legitimierten Inhabers der Urkunde (Ermschel et al. 2016, S. 3; Thommen et al. 2020a, b, S. 351 f.).

### Factoring & Forfaitierung

Beim Factoring werden bestehenden Forderungen an einen Dritten, den sog. Factor, verkauft. Der Factor verwaltet die Forderung, bevorschusst diese bis zum effektiven Geldeingang und/oder übernimmt das Delkredererisiko bis zum Zahlungseingang (Ermschel et al. 2016, S. 151 ff.; Grunow und Figgener 2006, S. 285; Thommen et al. 2020a, b, S. 352 f.).

Das Konstrukt der Forfaitierung ähnelt der Funktion des Factorings, jedoch mit dem Unterschied, dass bei der Forfaitierung ein Ausschluss des Rückgriffs auf vorherige Forderungseigentümer besteht.

### Mittel- und langfristiges Fremdkapital

Nachdem zunächst kurzfristige Finanzierungsmöglichkeiten angeführt wurden, wird nachfolgend der Fokus auf mittel- bis langfristige Finanzierungsinstrumente gelegt. Hierzu zählen klassische Darlehen, Hypotheken- und Grundschulddarlehen, Schuldscheindarlehen sowie Anleihen. Das Leasing stellt eine besondere Finanzierungsform dar, wird jedoch aufgrund seiner Fristigkeit in der Kategorie des langfristigen Fremdkapitals aufgeführt (Ermschel et al. 2016, S. 122; Käser-Ströbel 2020, S. 41; Thommen et al. 2020a, b, S. 354).

### Klassisches Darlehen

Das klassische Darlehen bildet die Grundform der langfristigen Fremdfinanzierung und ist universell verwendbar. Bei Bankdarlehen werden seitens der Kreditgeber i. d. R. Sicherheiten in Form von Wertpapieren oder Immobilien verlangt. Primär werden Darlehen von Banken vergeben, jedoch existieren auch private Kapitalgeber und Institute der öffentlichen Hand. Letztgenannte spielen bei der Förderung von KMU eine besondere Rolle. In diesem Zusammenhang sind Förderbanken wie die Kreditanstalt für Wiederaufbau (KfW) oder die schwerpunktmäßig regional tätige NRW.BANK zu nennen. Im thematischen Kontext des vorliegenden Werks spielen die Förderbanken eine bedeutende Rolle, da hierin politisch motivierte Strategien wie die Unterstützung von Unternehmen im Bereich der Digitalisierung einfließen. So existieren verschiedene Förderdarlehen, die je nach Ausgestaltung zweckgebunden im Bereich der Digitalisierung und digitalen Transformation einzusetzen sind. Neben zinsgünstigen Konditionen bieten solche Förderdarlehen auch regelmäßig eine Haftungsfreistellung für die Hausbank an, um eine Kreditvergabe zu fördern (Ermschel et al. 2016, S. 122; Grunow und Figgener 2006, S. 145 ff.; Thommen et al. 2020a, b, S. 354).

*Hypotheken- und Grundschulddarlehen*
Bei einem Hypothekendarlehen werden die Darlehensansprüche durch Grundpfandrechte gesichert. Da die Hypothek einen streng akzessorischen Charakter aufweist, ist diese an den Bestand eines Kredites gebunden. Folglich erlöschen die Ansprüche aus einer Hypothek, sobald der Kredit vollständig zurückgezahlt wurde. Im Gegensatz zur Hypothek ist eine Grundschuld nicht an das Bestehen einer Forderung gebunden und bleibt somit auch bestehen, wenn der Kredit vollständig getilgt wurde.

*Schuldscheindarlehen*
Bei einem Schuldscheindarlehen handelt es sich um eine besondere Form des Darlehens. Dieses wird vorzugsweise als Instrument zur langfristigen Finanzierung von Investitionen im Industriebereich verwendet. In der Praxis wird diese Finanzierungsquelle, wenn überhaupt, von großen KMU genutzt. Die Kreditgeber sind Kapitalsammelstellen, vor allem private und öffentlich-rechtliche Versicherungsunternehmen oder Finanzinstitute (Ermschel et al. 2016, S. 123; Grunow und Figgener 2006, S. 169 ff.; Thommen et al. 2020a, b, S. 355).

*Anleihe*
Anleihen werden auch als „Schuldverschreibung" oder „Obligation" bezeichnet. Sie können variabel verzinst, festverzinst oder ohne Zinskupon ausgestaltet werden. Die Rückzahlung des Emittenten erfolgt nach Ablauf der Laufzeit zum Fälligkeitstermin sowie zum Nominalwert. Das Finanzierungsinstrument der Anleihen wird nur von großen KMU genutzt (Grunow und Figgener 2006, S. 176 ff.; Thommen et al. 2020a, b, S. 355).

*Leasing*
Beim Leasing handelt es sich um die Überlassung von Anlagegegenständen zum Gebrauch oder zur Nutzung auf bestimmte oder unbestimmte Zeit. Für die Nutzung des Gegenstandes ist ein Entgelt zu entrichten. Folglich ist Leasing

keine Finanzierung im eigentlichen Sinne, da keine Beschaffung finanzieller Mittel stattfindet. Unter betriebswirtschaftlichen Aspekten ähnelt das Leasing einer Kreditfinanzierung. Hinsichtlich des Themas Leasing gibt es zahlreiche Ausgestaltungsmöglichkeiten, die unterschiedliche bilanzielle Konsequenzen beinhalten Finanzinstitute (Ermschel et al. 2016, S. 154 ff.; Grunow und Figgener 2006, S. 285; Thommen et al. 2020a, b, S. 358 ff.).

### 3.1.4 Zwischenfazit

Das Eigenkapital bildet die finanzielle Basis eines jeden Unternehmens und ist meist die Voraussetzung für alle weiteren Finanzierungsmöglichkeiten. Der Einsatz von Eigenkapital ist praktisch für jede Investition bzw. Mittelverwendung eines Unternehmens möglich.

Im Bereich von Fremdkapital gibt es eine Vielzahl von Finanzierungsinstrumenten. Es wird genutzt, um die durchschnittlichen Kapitalkosten und die Kapitalstruktur zu optimieren. Je nach Investitionsziel ist zwischen kurzfristigen und mittel- bis langfristigen Finanzierungsquellen zu differenzieren. Ein klassisches Darlehen in Form eines Förderdarlehens eignet sich insbesondere für Investitionen im Bereich der Digitalisierung.

Das Mezzanine-Kapital stellt ein hybrides Finanzierungskonstrukt dar und verbindet die Vorteile einer Fremdkapitalfinanzierung mit jenen des Eigenkapitals, wie z. B. der Anrechenbarkeit als Eigenkapital, im Hinblick auf eine verbesserte Kapitalstruktur (höhere Eigenkapitalquote). Hierdurch gewährleistet es den Zugang zu verbesserten Finanzierungsbedingungen aufgrund eines verbesserten Ratings. Somit eignet sich Mezzanine-Kapital für die Wachstumsfinanzierung oder zur Optimierung der Kapitalstruktur.

### 3.2 Innenfinanzierung

Bei der Innenfinanzierung kann zwischen Selbstfinanzierung sowie einer Finanzierung mittels Rückstellungen, Abschreibungen oder Vermögensumschichtung differenziert werden (Thommen et al. 2020a, b, S. 309 ff.; siehe Abb. 3.4).

**Abb. 3.4** Systematisierung
der Innenfinanzierung.
(Quelle: In Anlehnung an
Thommen et al.,
Allgemeine
Betriebswirtschaftslehre,
2020, S. 310)

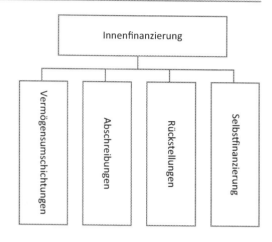

## 3.2.1  Selbstfinanzierung

Unter „Selbstfinanzierung" wird die Beschaffung von Kapital durch Einbehaltung von Gewinnen verstanden. Nutzt ein Unternehmen das Instrument der Selbstfinanzierung, so stehen den Anteilseignern keine oder nur geringe Beträge der Gewinnbeteiligung zur Verfügung. Folglich sind die Ausschüttung oder im Speziellen Dividenden geringer, als es ohne Selbstfinanzierung der Fall wäre. Eine Selbstfinanzierung setzt zudem die Erzielung von Gewinnen voraus (Ermschel et al. 2016, S. 129 ff.; Thommen et al. 2020a, b, S. 342). Somit ist sie eng mit der Dividendenpolitik des Unternehmens verbunden.

## 3.2.2  Finanzierung aus Rückstellungen

Rückstellungen werden auf der Passivseite der Bilanz ausgewiesen und stellen Verpflichtungen dar. Diese sind zum Zeitpunkt der Bilanzierung zwar der Art nach sicher oder gelten als wahrscheinlich, allerdings sind die exakte Höhe und/oder der Zeitpunkt der Fälligkeit ungewiss. Ein typisches Beispiel für eine Rückstellung sind Prozesskosten für gerichtliche Verfahren. Der Aufwand für eine Rückstellung wird sofort gebucht, wenngleich die liquiditätswirksame Belastung erst zu einem späteren Zeitpunkt erfolgt. Somit entsteht ein Effekt in Form einer Finanzierung, da die liquiden Mittel dem Unternehmen für den Zeitraum bis zur

Auszahlung weiterhin zur Verfügung stehen (Ermschel et al. 2016, S. 134 ff.; Thommen et al. 2020a, b, S. 345 ff.).

## 3.2.3   Finanzierung aus Abschreibungen

Bei der Finanzierung aus Abschreibungsgegenwerten handelt es sich um eine Vermögensumschichtung, da Abgänge von Gütern des Unternehmens in Liquidität umgewandelt werden. Abschreibungen bringen einen finanzbuchhalterischen Aufwand mit sich und werden in der Kostenrechnung als Kosten erfasst. Erst durch den Abgang eines Gutes, bspw. einer Maschine, durch Veräußerung entsteht Liquidität. Diese kann entsprechend für neue Investitionen oder Ersatzinvestitionen genutzt werden (Thommen et al. 2020a, b, S. 343 ff.).

## 3.2.4   Finanzierung aus Vermögensumschichtung

Die Finanzierung aus Vermögensumschichtung beinhaltet alle Maßnahmen, bei denen Kapital außerordentlich freigesetzt wird. Hierbei erfolgt eine außerplanmäßige Umwandlung von Vermögen in Liquidität. Buchhalterisch handelt es sich um einen Aktivtausch. So wird bspw. eine nicht mehr genutzte Maschine verkauft. Insbesondere Positionen des Anlagevermögens bieten hohes Potenzial für eine Vermögensumschichtung (Ermschel et al. 2016, S. 139 ff.; Thommen et al. 2020a, b, S. 347).

## 3.2.5   Zwischenfazit

Der Bereich der Innenfinanzierung umfasst kein besonderes Potenzial zur Finanzierung von Investitionen in die Digitalisierung. Ein Vorteil der Innenfinanzierung besteht darin, dass keine Abstimmung mit fremden Dritten notwendig ist.

## 3.3   Eignung klassischer Finanzierungsinstrumente zur Finanzierung der Digitalisierung

Aus der nachfolgenden Abb. 4.1 geht die Bewertung klassischer Finanzierungsinstrumente im Hinblick auf deren Eignung zur Finanzierung der Digitalisierung bzw. der digitalen Transformation eines KMU hervor.

Es ist festzuhalten, dass sowohl in der Außen- als auch in der Innenfinanzierung alle mittel- bis langfristigen klassischen Finanzierungsinstrumente zur Finanzierung der Digitalisierung bzw. der digitalen Transformation grundsätzlich geeignet sind. Insbesondere im Bereich der klassischen Darlehen finden sich geeignete Lösungen. Allen voran eignen sich Förderdarlehen, die als Charakteristika sowohl eine Zinsvergünstigung als auch häufig eine Haftungsfreistellung für die finanzierende Bank bieten. Es existieren spezielle Förderprogramme, die auf die Finanzierung der Digitalisierung bzw. der digitalen Transformation abzielen.

## Bibliographie

Dimler, Nick, Joachim Peter, und Boris Karcher. 2018a. *Unternehmensfinanzierung im Mittelstand*. Wiesbaden: Gabler.

Dimler, Nick, Joachim Peter, und Boris Karcher. 2018b. Trends in der Mittelstandsfinanzierung. In *Unternehmensfinanzierung im Mittelstand*, Hrsg. Nick Dimler, Joachim Peter, und Boris Karcher, 3–20. Wiesbaden: Gabler.

Eilenberger, Guido, und Sascha Haghani. 2008. *Unternehmensfinanzierung zwischen Strategie und Rendite*. Berlin: Springer.

Ermschel, Ulrich, Christian Möbius, und Holger Wengert. 2016. *Investition und Finanzierung*, 4. Aufl. Berlin: Springer.

Grunow, Hans-Werner G., und Stefanus Figgener. 2006. *Handbuch Moderne Unternehmensfinanzierung*. Berlin: Springer-Verlag.

Käser-Ströbel, Christopher. 2020. *Quick Guide Unternehmensfinanzierung für KMU und Start-ups Transparenz über Finanzierungsmöglichkeiten und den Umgang mit Kapitalgebern*. Wiesbaden: Springer-Verlag.

Thommen, Jean-Paul., Ann-Kristin. Achleitner, Dirk Ulrich Gilbert, Dirk Hachmeister, Svenja Jarchow, und Gernot Kaiser. 2020a. *Allgemeine Betriebswirtschaftslehre – Umfassende Einführung aus managementorientierter Sicht*, 8. Aufl. Wiesbaden: Springer-Gabler.

Thommen, Jean-Paul., Ann-Kristin. Achleitner, Dirk Ulrich Gilbert, Dirk Hachmeister, Svenja Jarchow, und Gernot Kaiser. 2020b. Grundlagen der Finanzierung. In *Allgemeine Betriebswirtschaftslehre – Umfassende Einführung aus managementorientierter Sicht*, Hrsg. Jean-Paul. Thommen, Ann-Kristin. Achleitner, Dirk Ulrich Gilbert, Dirk Hachmeister, Svenja Jarchow, und Gernot Kaiser, 307–313. Wiesbaden: Springer-Gabler.

# Kritische Erfolgsfaktoren: Ökosysteme und Daten

4

*Entstehung von Ökosystemen – eine unumkehrbare Entwicklung*
Der Begriff „Ökosystem" stammt ursprünglich aus dem Griechischen und setzt sich aus den Wörtern „oikos" (Haus) und „systema" (das Verbundene) zusammen. Ökosysteme sind ursächlich in der Ökologie anzusiedeln und stellen einen Teilbereich der Biologie dar. In Ökosystemen werden der Biologie folgend die Beziehungen zwischen verschiedenen Lebewesen und der sie umgebenden Umwelt untersucht. Der Begriff „Ökosystem" hat sich seit den 1990er-Jahren zunehmend auch in der Wirtschaft zunächst im englischen Sprachraum als „Ecosystem" etabliert. In diesem Kontext sind „Ecosystem" und „Ökosystem" synonym zu verstehen.

Im wirtschaftlichen Rahmen wurde der Begriff „Ecosystem" erstmals 1993 von James F. Moore in einem Beitrag des Harvard Business Review unter dem Titel „Predators and Prey: A New Ecology of Competition" eingeführt (Moore 1993, S. 75). Der englische Begriff „Ecosystem" wird in diesem Kontext aus der wirtschaftlichen Perspektive verstanden und verwendet.

Ein Ecosystem beschreibt einen Netzwerkverbund von Unternehmen mit ihren jeweiligen Geschäftsmodellen, der auf eine gemeinsame Wertschöpfung ausgerichtet wird. Die dabei gemeinsam erzeugten Leistungen (Produkt und/oder Dienstleistung) sowie das damit verbundene Werteversprechen übersteigt die Leistungsfähigkeit der Einzelleistungen aller Beteiligten (Lingens und Gassmann 2018, o. S.). Dadurch entsteht ein einzigartiger Wettbewerbsvorteil, den nur dieses Ecosystem am Markt erbringen kann und von dem alle Partner im Ökosystem profitieren.

Typischerweise kann ein Ecosystem in der digitalen Wirtschaft durch gemeinschaftlichen Konsum (Sharing), Plattformen zum Informationsaustausch (z. B. Predictive Maintenance, Industrie 4.0 oder IoT-Anwendungen mit der Vernetzung von physischen und virtuellen Gegenständen) und/oder digitale Marktplätze gut beschrieben werden.

Bereits seit Jahrzehnten sind immer transparentere und homogenere (fast normierte) Produkte und Dienstleistungen sowie Wettbewerbsrisiken durch neue Markteintritte oder stagnierende Märkte bekannt, sodass dieses Phänomen im Grunde genommen nicht neu ist. Dem klassischen Ansatz nach kämpfen Unternehmen auf einer Einzelunternehmensebene um Marktanteile. Die einzige Lösung, um nachhaltig als Unternehmen bestehen zu können, liegt darin, die Innovationskraft zu steigern.

Die Digitalisierung von Wirtschaft und Gesellschaft verstärkt den Wettbewerb auf eine unumkehrbare Weise zusätzlich hin zu Ecosystems. Sie reduziert also einen wesentlichen Effekt der Transaktionskosten zwischen Unternehmen (Frank et al. 2019, S. 199 ff.). Dadurch werden geschäftliche Partnerschaften zwischen Firmen wirtschaftlich immer attraktiver. Eine der wesentlichen Folgen daraus ist, das Märkte zunehmend verschwimmen, die einst getrennt waren, wodurch u. a. die sogenannte Branchenkonvergenz entsteht. Dies hat zur Folge, dass sich ganze Industrien grundlegend neu organisieren, da traditionelle Marktgrenzen aufweichen und sich gegebenenfalls auch auflösen können.

Diese Entwicklung verändert das klassische Bild von Unternehmen sowie Märkten radikal und nachhaltig. Unternehmen und Branchen organisieren sich jenseits der klassischen Branchengrenzen vermehrt auf einer höheren Aggregationsebene, die als „Ecosystem" bezeichnet wird.

Ein Ecosystem umfasst nach aktueller Auffassung drei bis maximal zehn Partnerunternehmen, die ihre Geschäftsmodelle und Wertschöpfungsketten digital vernetzen. Aus einzelnen Geschäftsmodellen und Wertschöpfungsketten entsteht ein Wertschöpfungsnetzwerk, das Ecosystem. Hierbei leistet jedes Unternehmen seinen Wertschöpfungsanteil und es entsteht in Summe eine Lösung für den Kunden, die bereits bei einem fehlenden Partner im Ecosystem nicht oder nur mit signifikant steigenden Transaktionskosten hätte erbracht werden können. Somit bietet ein Ökosystem für jedes teilnehmende Partnerunternehmen eine Art höheren Disruptionsschutz, da die gemeinsam erzeugte Leistung einzigartig ist und von keinem anderen Ecosystem oder Wettbewerber erbracht werden kann.

Dem systematischen Aufspüren dieser einzigartigen Leistungen kommt hierbei die entscheidende Bedeutung zu und es bildet die unternehmerische Kernaufgabe für die Zukunftssicherung von Unternehmen in der digitalen Wirtschaft. Genau diesen Aspekt sollten insbesondere KMU verinnerlichen, die bis dato mit ihrem Geschäftsmodell erfolgreich gewesen sind und ggf. immer noch dem Glauben unterliegen, dass die traditionellen Methoden und Vorgehensweisen in der digitalen Wirtschaft ebenfalls erfolgreich sein werden. In aller Deutlichkeit ist jedoch zu sagen, dass dies nicht der Fall sein wird.

Deshalb sollten sich Unternehmen nicht mehr als Mitglied einer einzelnen Industrie zurechnen, sondern sich vielmehr als Teil eines branchenübergreifenden Wertschöpfungsnetzwerks (Ökosystems) verstehen. Dieses neue Selbstverständnis erweitert die strategischen Optionen und Lösungsräume für die digitale Transformation des eigenen Unternehmens und des Geschäftsmodells in hohem Maße.

Der Paradigmenwechsel hin zu Ecosystems erfordert, dass der Kunde in den Mittelpunkt aller Überlegungen gerückt wird und dessen Bedürfnisse durch eine Reihe von wertschöpfenden Tätigkeiten möglichst befriedigt werden. Dies macht es zudem notwendig, dass erkannt wird, welche Bedürfnisse der Kunde hat oder zukünftig haben wird, die durch das eigene Unternehmen wiederum (noch) nicht befriedigt werden können. Diese Überlegung stellt bereits den ersten Schritt hin zum Ecosystem dar.

Nun mögen einige Unternehmen die Ansicht vertreten, dass diese Vorgehensweise in der analogen Welt mit traditionellen Kooperationen identisch ist. Dies ist jedoch nur bedingt richtig, denn es gibt zwei gravierende Unterschiede.

Erstens: Ökosysteme bedeuten die digitale Vernetzung der Unternehmen auf Wertschöpfungsebene in Echtzeit (z. B. Smart Factories, Smart Infrastructure, Smart Energy) und verstehen sich nicht mehr branchenspezifisch. Letzteres bedeutet für ein Unternehmen, sein Geschäftsmodell im Rahmen des Ökosystems diversifizieren zu können, und zwar auf eine Weise, die einfacher nicht sein könnte. Die Diversifizierung muss für jedes Unternehmen ein erstrebenswertes strategisches Ziel sein.

Zweitens: Die aktuelle COVID-19-Pandemie hat aufgezeigt, dass die Fokussierung auf eine einzige Kernkompetenz bzw. auf eine einzige Branche Unternehmen zerstören kann, da diese aus Sicht der Umsatzströme in Geschäftsmodellen eine Monokultur ist. Eine solche führt in einer nationalen oder globalen Krise in den meisten Fällen zu einer existenziellen Katastrophe für Unternehmen. Man stelle sich dazu vor, dass eine einzige Kernkompetenz oder eine einzige Branche bzw. Industrie, die ein Unternehmen bedient, ein Stuhlbein darstellt. Ein Stuhl wiederum repräsentiert in dieser Metapher ein Geschäftsmodell, das mit nur einem Standbein äußerst anfällig und nicht krisensicher ist.

Genau deshalb sollten insbesondere auch KMU neu im Sinne von Ökosystemen denken und handeln, denn gerade auch für diese Unternehmen bestehen große Chancen im Sinne der zuvor genannten Möglichkeiten, sich einfacher diversifizieren und in der digitalen Wirtschaft nachhaltig erfolgreich sein zu können.

Dies ist stets zu bedenken, wenn Ökosysteme versehentlich oder aus Unwissenheit mit klassischen Kooperationen der analogen Wirtschaft gleichgesetzt werden.

Dennoch müssen Unternehmen eine klare Positionierung auf Basis von Kundenbedürfnissen finden. Dieses Unterfangen kann durch die Nutzung von Planungswerkzeugen wie z. B. der „Strategy Map" (Kaplan) oder des „Value Proposition Design" (Osterwalder) unterstützt werden.[1] Dabei können Unternehmen sowohl ihre eigene Rolle und Position als auch jene des geplanten Ökosystems zur Erfüllung des Kundenbedürfnisses ermitteln und gegebenenfalls anpassen.

### *Die geschäftliche Bedeutung der Daten – Datenmonetarisierung*
In der digitalen Wirtschaft spielen hinsichtlich der elektronischen Wertschöpfung die Daten für künftigen Geschäftserfolg eine entscheidende Rolle. Diesbezüglich müssen Daten als vierter Produktionsfaktor verstanden und behandelt werden. Die klassische Wertschöpfungskette produziert materielle bzw. physische Produkte, was sich auch in Zukunft nicht ändern wird. Nun werden in Zeiten der Digitalisierung Produkte zusehends intelligenter und smarter, indem diese durch Sensoren Daten produzieren und übermitteln können. Pumpen, Ventilatoren, Aufzüge etc. erzeugen Daten in einer kaum vorstellbaren Mengenvielfalt und können automatisiert über ihren eigenen „Gesundheitszustand" berichten. Aus diesen Daten entstehen die Geschäftsmodelle und Ökosysteme der digitalen Wirtschaft. Zudem werden sie in einer separaten Information Value Chain abgewickelt (Kollmann 2016, S. 77, 177).

Deshalb müssen die traditionellen Unternehmen, die nicht der reinen digitalen Wirtschaft zuzuordnen sind, in Zukunft mindestens zwei Wertschöpfungsketten handhaben, und zwar die klassische Wertschöpfungskette für die physischen Produkte sowie die Wertschöpfungskette für die digitale Wirtschaft der „Information Value Chain". Die digitalen Produkte und Dienstleistungen, die aus Daten intelligenter, smarter physischer Produkte entstehen, werden dann zu wertschöpfenden Informationen im Geschäftsmodell bzw. im Ökosystem transformiert, um den Kunden eine überlegene Leistung anbieten zu können, die nur das Ökosystem in dieser spezifischen Zusammensetzung erbringen kann. Ein Beispiel hierfür wäre zusätzlich zum Verkauf physischer Produkte z. B. ein Wartungs- und Servicevertrag für industrielle Anlagen (z. B. Geschäftsmodell/Ökosystem Predictive

---

[1] Im Hinblick auf die Strategy Map wird auf Kaplan und Norton verwiesen: *Kaplan, R.S., Norton, D.P., 2004.* Für das Value Proposition Design wird auf Osterwalder verwiesen: *Osterwalder, A., 2015.*

Maintenance Service), um Betriebsunterbrechungen auf ein Minimum zu reduzieren. Diesen Fall bezeichnet man als „hybride Leistungsbündel", die dann ein sogenanntes „hybrides Geschäftsmodell" mit physischen Produkten sowie digitalen Lösungen bzw. Dienstleistungen bilden.

Zum Start der Nutzung von Daten mit dem Ziel der Datenmonetarisierung bedarf es jedoch im ersten Schritt keiner Technologieinvestitionen oder gar einer eigenen Datenwissenschaftsabteilung. Vielmehr beginnt der richtige Start zum datengetriebenen Unternehmen mit dem richtigen Mindset (Kollmann 2020a, b, S. 34, 37) – dem Bewusstsein für Datenverwertungspotenziale sowie deren Monetarisierung für das eigene Geschäftsmodell und Ökosystem. In den Datenbeständen nahezu aller Unternehmen ebenso wie in weiteren bislang unerschlossenen Datenquellen verbergen sich unbemerkt sehr oft große geschäftliche Potenziale, die erkannt werden möchten.

Zunächst ist es nicht notwendig, bereits im ersten Schritt sämtlich mögliche geschäftliche Nutzungsmöglichkeiten von Daten zu realisieren. Stattdessen ist es grundlegend hilfreich, Schritt für Schritt für aktuelle Problemstellungen eine konkrete betriebswirtschaftliche Fragestellung zu formulieren. Erst auf dieser Basis können die relevanten Daten effektiv und effizient vorgefunden werden, in denen die Antworten für neue Produkte und/oder Dienstleistungen den Geschäftserfolg im digitalen Zeitalter schaffen sowie absichern können.

*Wie kann man sich ein Ökosystem im Detail vorstellen?*

Der klassische lineare Wertschöpfungsprozess, der bei einem einzigen Unternehmen startet und beim Endkunden desselben Unternehmens endet, wird durch eine gemeinschaftliche Leistungserbringung in einem Ökosystem als Wertschöpfungsnetzwerk ersetzt. Dies kann man sich so vorstellen, dass beispielsweise fünf Ökosystem-Schlüsselpartner ihr jeweiliges Geschäftsmodell, also in diesem Beispiel fünf Geschäftsmodelle, in ein gemeinsames Ökosystem miteinbringen. Genau dies charakterisiert und beschreibt den Aufbruch der linearen Wertschöpfungslogik, die traditionell in einem einzigen Unternehmen startete und endete.

Die geschäftliche Herausforderung besteht nun darin, für eine definierte einzigartige Leistung, d. h. ein Produkt und/oder eine Dienstleistung, des Ökosystems diese einzelnen Geschäftsmodelle so miteinander zu verbinden, dass daraus ein funktionierendes Ökosystem-Geschäftsmodell entsteht. Dabei werden die einzelnen Geschäftsmodelle der Ökosystem-Schlüsselpartner digital miteinander vernetzt und es wird ein neues, übergeordnetes Ökosystem-Geschäftsmodell geschaffen, das eine einzigartige sowie überlegene Leistung im Markt liefert.

Mit anderen Worten werden die einzelnen Geschäftsmodelle in einem Ökosystem mittels digitaler Vernetzung intelligent kaskadiert.

Um ein Ökosystem grundsätzlich ermöglichen zu können, ist es zwingend erforderlich, das eigene Geschäftsmodell immer aus zwei Perspektiven heraus zu betrachten: einerseits von kreditorischer Seite, die auch als „Purchase-to-Pay-Prozess" oder auch als „Beschaffungsseite" bezeichnet werden kann, sowie andererseits von debitorischer Seite, die ebenfalls als „Order-to-Cash" oder als „Markt-/Kundenseite" verstanden wird. Die entscheidende Fragstellung, die es dann zu beantworten gilt, ist, wie genau sämtliche Geschäftsmodelle der potenziellen Ökosystempartner auf der Beschaffungs- und Kundenseite miteinander vernetzt sind. Diese Art des Bebauungsplans ist als Grundlage aller weiterer Überlegungen sowie Planungen als erstes zu definieren (Abb. 4.1).

Eine besondere Bedeutung kommt dabei den sogenannten Geschäftsmodell-finanzierungsmustern[2] auf der Beschaffungs- und Kundenseite zu, da diese für den Erfolg eines Ökosystems absolut erfolgskritisch sind, weil sie sich gegenseitig beeinflussen. Dies lässt sich folgendermaßen begründen: Man stelle sich vor, dass ein Unternehmen des Ökosystems ein Produkt bzw. eine digitale Dienstleistung (z. B. eine Predictive-Maintenance-Lösung für eine Industrieanlage) an den Endkunden des Ökosystems mit dem Geschäftsmodellfinanzierungsmuster „Flatrate" verkauft, und zwar unabhängig von dem Volumen der eingehenden Serviceanforderungen. Wenn die weiteren Ökosystem-Partner dem jeweiligen Partner dann jedoch auf Beschaffungsseite an der Kundenschnittstelle die Serviceanfragen des Endkunden mit dem Geschäftsmodellfinanzierungsmuster „Pay per use", also nach Anzahl der tatsächlichen Serviceanforderungen, in Rechnung stellen, dann droht dem Ökosystem-Partner an der End-Kundenschnittstelle potenziell ein hohes finanzielles Risiko oder der betriebswirtschaftliche Kollaps, da seine Kosten auf der Beschaffungsseite steigen, während der Kundenumsatz aufgrund der Flatrate stagniert.

In letzter Konsequenz würde ein solches Ökosystem nicht nachhaltig funktionieren und die eigentlich überlegene Leistung im Vergleich zum Wettbewerb nicht nachhaltig sicherstellen können. Somit wäre es als obsolet zu bewerten. Mit anderen Worten muss jeder Ökosystem-Partner gleichermaßen am Erfolg sowie am Risiko partizipieren und partizipieren können. Andernfalls ist ein Ökosystem betriebswirtschaftlich nicht sinnvoll.

---

[2] Die Geschäftsmodellfinanzierungsmuster sind aus den Geschäftsmodellmustern der Publikation St. Galler Business Modell Navigator begrifflich abgeleitet. Da in dieser hier vorliegenden Publikation der Finanzierungsaspekt im Vordergrund steht, ist die Begrifflichkeit für diese Publikation angepasst worden, um den Finanzierungsfokus stets im Blick zu haben.

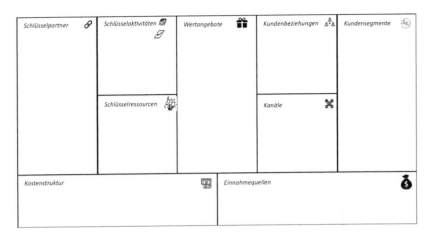

**Abb. 4.1** CANVAS. (Quelle: https://www.uni-due.de/imperia/md/content/innovationhub/erläuterung_zur_business_model_canvas.pdf, CANVAS, S. 1)

Die nachfolgende Abb. 4.2 verdeutlicht grafisch nochmals die wechselseitige Abhängigkeit der Geschäftsmodellfinanzierungsmuster auf der Beschaffungsebenso wie der Kundenseite.

Die Geschäftsmodellfinanzierungsmuster ermöglichen es insbesondere auch spezialisierten Unternehmen (KMU) und Startups, verglichen mit Großkonzernen konkurrenzfähig zu sein. Dieser Wandel zwingt Unternehmen dazu, ihre Geschäftslogik und damit auch ihr Geschäftsmodell anzupassen sowie dieses zunehmend nach dem Ökosystem-Konzept auszurichten. Wie bereits dargelegt wurde, werden Unternehmen künftig nicht mehr in getrennten Branchen sowie Produkten denken und handeln, sondern sich auf übergreifende Kundenbedürfnisse über mehrere Branchen fokussieren. Einhergehend mit diesem grundlegenden Wandel muss auch die Logik unternehmerischer Entscheidungen von der eigenen Unternehmensebene auf eine höhere Ebene, nämlich auf die des Ökosystems, ausgerichtet werden. Diese veränderte Perspektive betrifft sämtliche Bereiche der klassischen Wertschöpfungskette und der Information Value Chain. Dadurch verschiebt sich der Wettbewerb zusehends von der Unternehmensebene auf eine branchenübergreifende Ökosystemebene.

Zwischenfazit

Im vorigen Abschnitt wurde die grundlegende Bedeutung von Ökosystemen und der Geschäftsmodelldesignanalytik dargelegt Nun stellt sich die Frage,

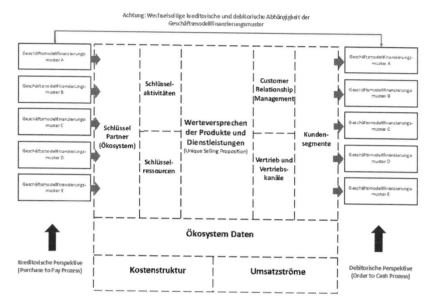

**Abb. 4.2** Wechselseitige Abhängigkeit der Geschäftsmodellfinanzierung. (Quelle: Eigene Darstellung)

inwiefern die Ausführungen dieses Kapitels die Finanzierung der digitalen Transformation betreffen. Die Antwort hierauf scheint erstaunlich einfach: Potenzielle Ökosystem-Partner stellen über die klassischen Banken hinausgehend neue, innovative Finanzierungspartner dar, die auf diese Weise noch nicht bekannt waren, weil bisher ggf. eher die klassische Non-Ökosystem-Denkweise dominiert hat.

Geschäftsbanken und Sparkassen befinden sich aktuell selbst in einer grundlegenden digitalen Transformationsphase und das oft unzureichende Verständnis für die Digitalisierung sowie die in Kap. 3 ausgiebig erörterten Bewertungs- und Finanzierungsproblematiken erschweren insbesondere für KMU die Zukunftsfähigkeit in der digitalen Wirtschaft. Die COVID-19-Pandemie verschärft die Lage für KMU zusätzlich, da Investitionen für die Digitalisierung immer öfter nicht aus eigenen Finanzmitteln getätigt werden können. Nicht zu handeln, stellt jedoch ebenfalls keine Option für KMU dar, da der Wettbewerb ggf. bereits in Sachen digitaler Transformation agiert, und zwar insbesondere diejenigen Unternehmen, die noch über eigene Finanzmittel hierfür verfügen.

Beispielsweise werden auch Unternehmensberatungen immer mehr zu System-häusern und Lösungsanbietern, da die klassische Beratung auch hier strategisch zunehmend ausgedient hat. Softwarehäuser bieten immer mehr Servicedienstleistungen im Rahmen von Wertschöpfungsketten „as a Service" an und verkaufen zusehends keine klassischen Softwareprodukte mehr als Softwarelizenzen.

Automobilkonzerne wandeln sich zu Mobilitätsunternehmen, bei denen der Verkauf des klassischen Produkts „Auto" und der damit generierte Umsatz in Zukunft strategisch keine große Bedeutung mehr haben werden. Stattdessen wird das Geschäftsmodellmuster „Mobility as a Service" angeboten, das weit über den bloßen Verkauf eines Autos hinausgehen wird. Die aktuellen Auto-Abonnements von Porsche, Volvo & Co. sind nur ein erster Schritt in diese Richtung. Selbst diese großen Autokonzerne kommen jedoch um neue Partner und damit um die Bildung von Mobilitätsökosystemen nicht mehr herum.

Wie diese Beispiele verdeutlichen, präsentieren sich infolge der Veränderungen der Märkte und der Geschäftsmodelle in nahezu allen Unternehmen plötzlich ungeahnte neue Ökosystem-Partner, die Bestandteil des Geschäftsmodells oder Ökosystems werden können. Diese potenziellen neuen Geschäftspartner können über die Bereitstellung neuer sowie einzigartiger Produkte, Dienstleistungen und Lösungen in einem Ökosystem die digitale Transformation finanzieren. In vielen Fällen ist dies ohne große Anfangsinvestitionen möglich, da auf langfristige sowie partnerschaftliche Ökosystem-Beziehungen gesetzt wird.

Zu diesem Zweck wird es jedoch erforderlich sein, dass insbesondere KMU den „neuen", innovativen Geschäfts- und Finanzierungspartnern, bei denen es sich nicht zwingend um eine Geschäftsbank oder Sparkasse handelt, aufgeschlossener gegenübertreten. Die Herausforderung bei Geschäftsbanken bzw. Sparkassen als Finanzierungspartner besteht darin, dass dort nur unter größeren Hürden wenig oder auch kein Geld für die digitale Transformation bereitgestellt wird. In diesem Zusammenhang sei an die Ausführungen in Kap. 3 erinnert. Dieses Problem müssen KMU für sich lösen und neuen Partnern sowie Ecosystems eine Chance geben. Dazu sind gemeinsame Pilotprojekte gut geeignet.

Im nachfolgenden Kap. 6 werden die möglichen Geschäftsmodellfinanzierungsmuster neuer Geschäfts- und Finanzierungspartner aufgezeigt, die auch ohne Beteiligung von Geschäftsbanken bzw. Sparkassen erfolgreich umsetzbar sind, um die digitale Transformation aus eigenen Finanzmitteln realisieren zu können. Dies leistet einen effektiven Beitrag zur Finanzierung der digitalen Transformation der im Rahmen der vorliegenden Publikation im Fokus stehenden KMU.

# Bibliographie

Frank, Roland, Gregor Schumacher, und Andreas Tamm. 2019. *Cloud-Transformation – Wie die Public Cloud Unternehmen verändert.* Wiesbaden: Springer-Gabler.

Kaplan, Robert S., und David P. Norton. 2004. *Strategy Maps.* Watertown (MA): Harvard Business Review Press.

Kollmann, Tobias. 2016. *E-Entrepreneurship – Grundlagen der Unternehmensgründung in der Digitalen Wirtschaft,* 6. Aufl. Wiesbaden: Springer.

Kollmann, Tobias. 2020a. *Digital Leadership – Grundlagen der Unternehmensführung in der Digitalen Wirtschaft.* Wiesbaden: Springer.

Kollmann, Tobias. 2020b. *Handbuch Digitale Wirtschaft.* Wiesbaden: Springer Gabler.

Lingens, Bernhard, Gassmann Oliver. 2018. Das Ende des Branchendenkens. https://die volkswirtschaft.ch/de/2018/06/gassmann-lingens-07-2018/Zugegriffen. Zugergiffen: 10. Okt. 2021.

Moore, James F. 1993. Predators and Prey: A New Ecology of Competition *Harvard Business Review* Nr. 93309:75–86.

Osterwalder, Alexander, Pigneur Yves, Bernarda Greg, Smith Alan, Wegberg Jordan. 2015. Value Proposition Design: Entwickeln Sie Produkte und Services, die Ihre Kunden wirklich wollen. Die Fortsetzung des Bestsellers Business Model Generation!. Frankfurt a. M.: Campus-Verlag.

# Neue Finanzierungsinstrumente der digitalen Transformation

5

Mit diesem Kapitel beginnen die Ausführungen zu den neuen Finanzierungsinstrumenten des „Digital Transformation Financing Framework". In der nachfolgenden Abb. 5.1 wird dies zur verbesserten Orientierung der Leserschaft grafisch aufgezeigt:

Die Autoren verwenden im Rahmen dieser Publikation die Geschäftsmodellmuster des St. Galler Business Model Navigator als Grundlage zur innovativen Finanzierung der digitalen Transformation (Gassmann et al. 2021, S. 24). Daher wird von der begrifflichen Adaption von „Geschäftsmodellmuster" hin zu „Geschäftsmodellfinanzierungsmuster" Gebrauch gemacht. Hierdurch wird der wirtschaftlichen und erfolgskritischen Bedeutung der Geschäftsmodellmuster mit dem Fokus auf die Finanzierung der digitalen Transformation Rechnung getragen und diese wird für die Planung dessen besser in das Bewusstsein der Leserschaft transportiert.

Die St. Galler Geschäftsmodellmuster umfassen aktuell 60 verschiedene Ausprägungen (Gassmann et al. 2021, S. 24). In dieser Publikation fokussieren sich die Autoren auf die zehn wichtigsten dieser, um aus der praktischen Berufserfahrung heraus die erfolgsträchtigsten Geschäftsmodellmuster zur Finanzierung der digitalen Transformation, hier als Geschäftsmodellfinanzierungsmuster bezeichnet, als Handlungsempfehlung für Unternehmen auszusprechen.

## 5.1 Add-on – Zusatzleistungen

Das aktuelle Kernangebot an Produkten bzw. Dienstleistungen des Unternehmens ist wettbewerbsfähig. Durch Zusatzleistungen kann der Endpreis des Kernangebots für bestehende Kunden in der Regel erhöht werden. Gleichzeitig

D. Stein et al., *Finanzierung der Digitalen Transformation*, essentials, https://doi.org/10.1007/978-3-658-39440-0_5

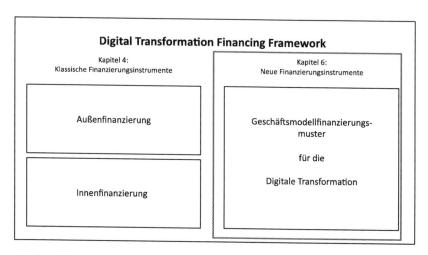

**Abb. 5.1** Digital Transformation Financing Framework im Kontext neuer Finanzierungsinstrumente. (Quelle: Eigene Darstellung)

können Zusatzleistungen, die der Produktdiversifikation dienen, weitere neue Kundengruppen und Märkte erschließen.

Der Kunde zahlt für Zusatzleistungen in der Regel einen höheren Preis, da das Werteversprechen des Unternehmens aus Kundensicht verbessert ist und für diesen daher ein neuer Mehrwert entsteht. Die Kundschaft profitiert von einem variablen Angebot, das sie an ihre spezifischen Bedürfnisse anpassen kann. Diese Anpassungswünsche sollten idealerweise über einen E-Shop mit Produktkonfiguratoren erdacht sowie umgesetzt werden. Dadurch werden Daten für künftige geschäftliche Möglichkeiten generiert. Das Unternehmen baut sukzessive Kunden- und Marktdaten im eigenen Unternehmen auf, was wiederum für etwaige Beteiligungen des Unternehmens an Ökosystemen eine wichtige Voraussetzung darstellt (Tab. 5.1).

**Empfohlene Vorgehensweise:**

1. Den Kunden in den Mittelpunkt stellen und ganzheitlich seine Bedürfnisse erfassen oder diesbezüglich Annahmen treffen
2. Zunächst die eigenen Möglichkeiten für Zusatzleistungen identifizieren und umsetzen

**Tab. 5.1**  Vor- und Nachteile der Zusatzleistungen

| Vorteile | Nachteile |
|---|---|
| • Relativ einfach in Eigenregie umzusetzen<br>• Erhöhte Robustheit des Geschäftsmodells (Diversifikation)<br>• Kundenbindung und Kundenneugewinnung<br>• Umsatzerhöhung<br>• Markt- und Kundendatengenerierung über eigene oder genutzte Web-Commerce-Lösung<br>• Erhöhung der Attraktivität des eigenen Unternehmens als Partner anderer Ökosysteme<br>• Liquiditätserhöhung für die bankenunabhängige Finanzierung der eigenen digitalen Transformation<br>• Vertragsgestaltung (bei Einbindung von Partnern) für Piloten via Letter of Intent relativ einfach und kostengünstig | • Erhöhter Aufwand für das Produktmanagement<br>• Erhöhter Aufwand für das Kundenmanagement<br>• Koordinationsaufwand bei externen Partnern (Klärung der Kundenführung) |

Quelle: Eigene Darstellung

3. Zusatzleistungen für externen Bezug und potenzielle Partner identifizieren
4. Konzeption und Umsetzung ggf. mit externen Ökosystem-Partnern planen und vertraglich vereinbaren
5. Pilot ggf. mit Partnern umsetzen und bewerten
6. Über finale Umsetzung der Zusatzleistungen entscheiden.

**Praxisbeispiele:**

• Reiseanbieter bieten z. B. Add-ons wie Mietwagen, Versicherungen, Reisege-päck etc. an
• Elektronikhändler offerieren Gerätschutzversicherungen, Vor-Ort-Austauschservice, Technologieupgrades und Finanzierungsleistungen.

## 5.2     Freemium-Angebot

Das sogenannte „Freemium-Angebot" stellt die Basisfunktion von angebotenen Produkten bzw. Dienstleistungen im aktuellen Geschäftsmodell dar. Für die Zielsetzung der Absatzerhöhung oder der Generierung neuer Kunden in einem bestehenden Kundensegment sowie mit bereits bestehenden Produkten oder Dienstleistungen kann das Freemium-Angebot eine interessante Alternative darstellen, um die Kundenbasis und den Umsatz zu erhöhen. Das Freemium-Angebot wird kostenlos bereitgestellt in der Hoffnung, dass Kunden das kostenpflichtige Premium-Produkt bzw. die Dienstleistung kaufen.

Hinweis:

Das Freemium-Angebot ist nur dann sinnvoll, wenn die Erlöse der zahlenden Premium-Kunden die Nutzung von Freemium-Angeboten mitfinanzieren und decken können.

Bei Anwendung dieses Modells in bestehenden Kundensegmenten ist es empfehlenswert, die Bestandskunden nicht zu verärgern. Daher sollte darauf geachtet werden, dass aufgrund besonderer Anlässe gehandelt wird. Dies können saisonale oder gesellschaftliche Ereignisse wie z. B. Sportveranstaltungen oder auch Katastrophenanlässe wie z. B. eine Pandemie sein.

Selbst Kunden, die nicht das Premium-Produkt kaufen, sind strategisch wertvoll, da diese personenbezogene Daten und/oder sogenannte Verhaltensdaten bei der Nutzung des Angebots generieren (Metadaten). Genau diese Daten sind für die Weiterentwicklung des Geschäftsmodells von großem Wert. Zudem werden hierbei Daten erzeugt, die wiederum in Ökosysteme eingebracht werden können und das eigene Unternehmen als Partner in der digitalen Wirtschaft attraktiver machen (Tab. 5.2).

**Empfohlene Vorgehensweise:**

1. Kunden in den Mittelpunkt stellen und deren Bedürfnisse ganzheitlich erfassen oder Annahmen treffen
2. Möglichkeiten für Freemium identifizieren und umsetzen
3. Konzeption und Umsetzung planen
4. Testpilot umsetzen und bewerten
5. Über finale ganzheitliche Umsetzung entscheiden.

**Tab. 5.2** Vor- und Nachteile der Freemium-Angebote

| Vorteile | Nachteile |
|---|---|
| • Einfache Umsetzbarkeit in Eigenregie<br>• Kundenneugewinnung<br>• Umsatzerhöhung, wenn die Premium-Vorteile klar und leicht verständlich kommuniziert werden<br>• Markt- und Kundendatengenerierung über eigene oder genutzte Web-Commerce-Lösung<br>• Erhöhung der Attraktivität des eigenen Unternehmens als Partner anderer Ökosysteme<br>• Bei effizienter Umsetzung Liquiditätserhöhung für die bankenunabhängige Finanzierung der eigenen digitalen Transformation | • Erhöhter Aufwand für das Produktmanagement<br>• Erhöhter Aufwand für das Kundenmanagement<br>• Erhöhter Aufwand für das Kostenmanagement<br>• Latente Gefahr der Liquiditätsreduktion, wenn nicht genügend Freemiumkunden zu Premiumkunden werden<br>– demgegenüber steht jedoch der Vorteil der Datengenerierung |

Quelle: Eigene Darstellung

**Praxisbeispiele:**

• Sprachübersetzung, z. B. www.deepl.com.
• Antivirus-Software, z. B. www.avira.com.

## 5.3 Aikido

Aikido ist als eine japanische Kampfkunst bekannt. Die wirkende Kraft der Angreifer, also z. B. eines oder mehrerer Wettbewerber, wird gegen genau diese eingesetzt. Hierbei wird von der Grundannahme ausgegangen, dass die Stärke des Wettbewerbs auch eine Schwäche sein kann oder Schwächen aufweist.

Dies setzt zwingend voraus, dass das Geschäftsmodell des Wettbewerbs mit seinen Leistungsversprechen im Detail bekannt ist. Das Ziel besteht darin, das Leistungsversprechen im eigenen Geschäftsmodell so anzupassen, dass sich dieses vollkommen konträr von den Leistungsversprechen sowie Denkweisen des Wettbewerbs unterscheidet. Dieses Prinzip wird als „Aikido" bezeichnet. Neue Leistungsversprechen nach dem Aikido-Prinzip ziehen insbesondere Kunden an, die Produkte und Services gegensätzlich zum Mainstream präferieren.

Die Kunst besteht darin, die Leistungsversprechen so anzupassen, dass diese zunächst keine Kosten verursachen bzw. ggf. auch durch Rückversicherungen finanziell abgesichert sind, sowie etwaige finanzielle Risiken abzusichern, gleichzeitig jedoch für Kunden des Wettbewerbs attraktiver zu werden und Umsatz, Gewinn sowie Liquidität zu steigern.

Das Aikidoprinzip ist eine Form innerhalb einer Marktdurchdringungsstrategie, die folglich das Wachstum in bestehenden Märkten. Hierbei ist es entscheidend, bei der Erfolgsmessung zwischen der Stückbetrachtung von Produkten und Services sowie der Gesamtbetrachtung zu differenzieren. So könnte der Gewinn in der Stückbetrachtung der Produkte und Services sinken, jedoch der Gewinn sowie die Liquidität durch die Neukundengewinnung in der Gesamtbetrachtung ansteigen (Tab. 5.3).

**Empfohlene Vorgehensweise:**

1. Geschäftsmodell des Wettbewerbs im Detail analysieren und transparent aufstellen
2. Kaufmotive des Kunden bei Wettbewerbern analysieren
3. Mapping des Leistungsversprechens der Wettbewerber zu den Kaufmotiven der dortigen Kunden und Lücken in Leistungsversprechen ermitteln

**Tab. 5.3**   Vor- und Nachteile von Aikido

| Vorteile | Nachteile |
|---|---|
| • Relativ einfache Umsetzbarkeit in Eigenregie<br>• Das Aikido-Prinzip erzeugt kostenloses Marketing, da mit den Regeln des Wettbewerbs durch die Leistungsversprechen etwas diametral entgegengesetzt wird und eine „Viral Loop" entsteht<br>• Kundenneugewinnung<br>• Umsatz-, Gewinn- und Liquiditätserhöhung, Gesamtbetrachtung, keine Stückbetrachtung<br>• Erhöhung der Attraktivität des eigenen Unternehmens durch neue Aikido-Leistungsversprechen als Partner anderer Ökosysteme | • Der Deckungsbeitrag für Produkte/Services kann in der Stückbetrachtung sinken, wenn neue Leistungsversprechen mit zusätzlichem finanziellen Aufwand einhergehen (z. B. Absicherung erweiterter Servicegarantien durch Rückversicherungen); Hinweis: die Stückbetrachtung ist hier jedoch nicht die relevante Sichtweise<br>• Potenziell erhöhter Aufwand im Service-Kundenmanagement<br>• Potenziell erhöhter Aufwand für das Kostenmanagement |

Quelle: Eigene Darstellung

4. Möglichkeiten für radikale neue Leistungsversprechen im Gegensatz zum Wettbewerb identifizieren und darüber entscheiden
5. Testpilot für eine bestimmte Kundengruppe/Marktsegment umsetzen und bewerten
6. Über finale ganzheitliche Umsetzung entscheiden.

**Praxisbeispiele:**

- Rücknahmegarantien
- Erweiterte Servicegarantien
- Update/Upgrade-Garantien insbesondere in technologischen Bereichen
- Klimaneutralitätsversprechen und andere Leistungsversprechen zu Aspekten hinsichtlich der Corporate Social Responsibility, die in der Branche radikal neu und zugleich für die Kaufmotive relevant sind.

## 5.4 Dienstleistungsvereinbarung/Service Level Agreement (SLA)

Bei der Dienstleistungsvereinbarung oder auch dem Service Level Agreement (kurz: SLA) handelt es sich um eine Vereinbarung zwischen Dienstleistungserbringer und -nachfrager bezüglich der Frage, in welcher Qualität eine bestellte Dienstleistung erbracht werden muss.

Um die Güte einer Dienstleistung zu objektivieren, wird diese hinsichtlich verschiedener qualitativer und quantitativer Eigenschaften in verschiedene Servicestufen (Servicelevel) eingeteilt, die vom Leistungsersteller angeboten werden. Hierbei fragt der Kunde eine Dienstleistung mit einem gewünschten Servicelevel ab und kauft keine Produkte mehr. Beispiel: Ein Personenaufzuganbieter verkauft nicht mehr den Aufzug als Produkt, sondern vielmehr eine Transportdienstleistung, die in einem SLA mit verschiedenen Servicelevels in Form von Key Performance Indicators (KPIs) definiert ist. Für den Kunden bietet dies zahlreiche Vorteile insbesondere hinsichtlich der Planung und Steuerung derartiger Dienstleistungen, statt diese selbst besorgen zu müssen.

Ein produktbasiertes Geschäftsmodell auf ein Geschäftsmodell als Betreiber einer Dienstleistung umzustellen, stellt eine Transformation mit dem höchsten Risiko, den höchsten Kosten und der längsten Umsetzungsdauer dar, die mit der umfassendsten Veränderung der Unternehmens- sowie Organisationskultur einhergeht. Innerhalb der Wachstumsstrategie eines Unternehmens ist diese Art der Transformation zu einem SLA-basierten Geschäftsmodell als Diversifikationsstrategie einzuordnen, da mit dieser Umstellung neue Produkte bzw. Service entstehen und/oder neue Märkte erschlossen werden.

Wichtig zu wissen ist, dass in der Praxis ebenso wie in der Literatur die Sicht auf die Veränderung der Cashflows bei der Umstellung auf ein SLA-basiertes Geschäftsmodell vernachlässigt wird. In der Regel flachen sich die Umsätze, Gewinne und Liquidität ab und verteilen sich durch einen SLA-Vertrag lediglich auf einen längeren Zeitraum. Anders verhalten sich die Kosten, da diese (noch) nicht abflachen.

Die infolgedessen erforderliche finanzielle Transformation des Unternehmens wird in Wissenschaft und Praxis unzureichend behandelt. Jedoch weist dies aus Entscheidersicht die höchste Relevanz zur Sicherung des Unternehmens auf und auch deshalb nimmt die Umstellung auf ein SLA-basiertes Geschäftsmodell einige Zeit in Anspruch. Gleichwohl stellt die Umstellung auf ein solches Geschäftsmodell, also als Betreiber einer Dienstleistung, im digitalen Zeitalter die vielversprechendste Zukunft für Unternehmen dar. Dies erfordert einen grundsätzlichen Paradigmenwechsel bzgl. des vertraglichen Leistungsgegenstands zwischen Anbieter und Kunde.

**Wichtiger Hinweis für die unternehmerische Praxis:**
Im Normalfall sollten zur Stärkung und Erhöhung der eigenen verfügbaren finanziellen Mittel für die digitale Transformation nahezu alle anderen Geschäftsmodellfinanzierungsmuster zuerst geprüft und erschlossen werden. Gleichzeitig sollten die Möglichkeiten der SLA-basierten Umstellung des eigenen Geschäftsmodells Schritt für Schritt strategisch angegangen und u. a. mit der aus den anderen Geschäftsmodellfinanzierungsmustern geschaffenen erhöhten Liquidität (teil-)finanziert werden.

Im Zusammenhang mit dem Geschäftsmodellfinanzierungsmuster „Service Level Agreement" sind noch weitere sehr ähnliche Varianten zu kontextualisieren, da definitorisch inhaltliche Überschneidungen existieren.

Das Geschäftsmodellfinanzierungsmuster „Performance-based Contracting" (PBC) basiert auf der Grundannahme, dass der Preis eines Produkts selbst irrelevant ist und eine Leistung (Service) in Form einer Dienstleistung liefert. Weitere Varianten dieses Modells sind dadurch charakterisiert, dass das Produkt im Eigentum des Unternehmens bleibt und von diesem als Service betrieben wird. Hierbei liegen wesentliche Überschneidungen mit dem Begriff des SLA vor, weshalb PBC und SLA synonym verstanden und verwendet werden sollten.

Das Geschäftsmodellfinanzierungsmuster „Guaranteed Availability" basiert auf der Grundannahme, dass die Verfügbarkeit eines Produkts oder einer Dienstleistung gewährleistet ist, was zu nahezu keinen Ausfallzeiten führt. Im Rahmen des Geschäftsmodellfinanzierungsmusters SLA wird die Verfügbarkeit meist in Form eines separaten Service-Levels definiert. Der Service-Level „Verfügbarkeit" könnte z. B. für einen Aufzug wie folgt lauten: Die Verfügbarkeit der Aufzugstransportdienstleistung beträgt von Montag bis Freitag in der Zeit von 07:00 Uhr bis 22:00 Uhr mindestens 98 %. Damit wird deutlich, dass dieses Geschäftsmodellfinanzierungsmuster einen Bestandteil des übergeordneten Geschäftsmodellfinanzierungsmusters SLA darstellt.

Das Geschäftsmodellfinanzierungsmuster „Subscription" wiederum beruht darauf, dass der Kunde eine regelmäßige Gebühr für ein Produkt oder eine Dienstleistung bezahlt. Er profitiert vor allem von niedrigen Nutzungskosten und der allgemeinen Serviceverfügbarkeit. Hierbei generiert das Unternehmen einen stabileren, jedoch flacheren Einkommensstrom.

Anhand dieser Definition mit den inhaltlichen Überschneidungen zu SLA lässt sich feststellen, dass SLA eine Form des Subscription(Abo-)-Modells darstellt und umgekehrt, je nach Perspektive. Auch dieses Beispiel zeigt auf, dass die Geschäftsmodellfinanzierungsmuster nicht gänzlich überschneidungsfrei sind, was jedoch grundsätzlich keinen Nachteil darstellt. Man sollte sich dessen lediglich bewusst sein (Tab. 5.4).

**Tab. 5.4**  Vor- und Nachteile von SLA

| Vorteile | Nachteile |
|---|---|
| • Erschließung neuer Produkte/Services und Märkte<br>• Erhöhung der Attraktivität des eigenen Unternehmens für Kunden und Mitarbeiter<br>• Nachhaltiges und zukunftsgerichtetes Geschäftsmodell<br>• Langfristige Kundenbindungen und gesicherte Umsätze | • Relativ lange Umsetzungsdauer und hoher Investitionsbedarf<br>• Notwendigkeit für Transformation der Cashflows (Abflachung) und Kostenmanagement<br>• Rekrutierung neuer Mitarbeiter mit „Serviceorientierung" statt „Produktorientierung" erfordert Zeit<br>• Hoher Aufwand in der Transformation der Unternehmenskultur zur „Wandel Service Company" |

Quelle: Eigene Darstellung

**Empfohlene Vorgehensweise:**

1. Zunächst möglichst andere Geschäftsmodellfinanzierungsmuster ausschöpfen
2. Existierende und potenzielle Neukunden als Innovationspartner einbinden (Open Innovation)
3. Veränderungen der Kundengeschäftsmodelle und künftige Kundenanforderungen erfassen
4. Neue Vision und Mission als Dienstleistungsunternehmen identifizieren
5. Neue Geschäftsmodellvarianten identifizieren und verabschieden
6. Grundannahmen und Veränderungsbedarf für „neue" Unternehmenskultur identifizieren
7. Change-Agent-Team etablieren
8. Detailkonzeption und Umsetzungsplan starten.

**Praxisbeispiele:**

- Automobilhersteller verkaufen in Zukunft immer weniger bzw. keine Kraftfahrzeuge mehr als Produkt, sondern vielmehr eine „Mobilitätsdienstleistung". Somit liegt eine Wandlung der Automobilhersteller von Kraftfahrzeugherstellern hin zu Mobilitätsdienstleistern vor.
- Der Betrieb von Rechenzentren als Dienstleistung in der Informationstechnologie
- Druckerhersteller verkaufen keine Drucker mehr, sondern bieten Drucken als eine Dienstleistung an in Form von SLA als „Printing as a Service".

## 5.5  Crowdfunding

Beim Crowdfunding, auch als „Schwarmfinanzierung" bezeichnet, wird ein digitales Produkt und/oder eine Dienstleistung von einer Vielzahl an Investoren finanziert. Die Finanzierung erfolgt in der Regel über spezialisierte sowie internetbasierte Crowdfunding-Plattformen. Eine Übersicht hierzu ist an folgender Stelle zu finden: https://www.crowdfunding.de/plattformen/.

Durch Crowdfunding kann das gewünschte Finanzierungsvolumen erreicht und die vom Unternehmen definierte digitale Produkt- bzw. Dienstleistungsidee realisiert werden. Jeder einzelne Anleger erhält besondere Vorteile als Lohn für seine Investitionsbereitschaft, die in der Regel proportional zum getätigten Investment sind.

**Tab. 5.5** Vor- und Nachteile von Crowdfunding

| Vorteile | Nachteile |
|---|---|
| • Relativ einfach, selbstbestimmt sowie autodidaktisch umsetzbar<br>• Erschließung neuer Produkte/Services und Märkte<br>• Umsatzerhöhung<br>• Höhere Liquidität (zur Finanzierung der digitalen Transformation des Unternehmens) | • Ggf. Notwendigkeit der Transformation der finanziellen Cashflows (möglicher Abflachung entgegenwirken)<br>• Interne Mitarbeiter benötigen ggf. mehr Zeit für Re-/Up-Skilling zur Anwendung neuer Methoden (z. B. Design Thinking) bzgl. der Weiterentwicklung der digitalen Transformation im Unternehmen<br>• Meist ist diese Finanzierungsform im Business-to-Business-Markt weniger gut geeignet |

Quelle: Eigene Darstellung

Crowdfunding funktioniert für den Consumer Market üblicherweise relativ gut als Finanzierungsmöglichkeit. Dabei zeigt sich, dass Ideen mit Nachhaltigkeitsbezug und/oder Social Entrepreneurship (Fair Trading etc.) besonders erfolgreich sind. Der Finanzierungszeitraum beträgt in der Regel zwischen einem und 60 Tagen, wobei die längeren Finanzierungsräume die Finanzierung der Erfahrung nach weniger erfolgreich erreichen als diejenigen Finanzierungsgesuche mit kürzer gewählten Finanzierungszeiträumen (Tab. 5.5).

**Empfohlene Vorgehensweise:**

1. Review der Frage, welches Problem das Unternehmen aktuell mit seinen Produkten und Dienstleistungen für seine Kunden löst
2. Klärung der Frage, inwieweit die digitale Transformation der aktuellen Produkte und Dienstleistungen zusätzliche Kundenprobleme lösen könnte, für die der Kunde zu zahlen bereit wäre (evolutionärer Weiterentwicklungsansatz – kurzfristig schnellere Erfolgsaussichten)
3. Ergebnisse aus 2. verabschieden, Unterlagen erstellen und Finanzierungsgesuch stellen
4. Erfolgreiches Finanzierungsgesuch aus 3. umsetzen oder
5. Klärung der Frage, das aktuelle Geschäftsmodell von Grund auf kompromisslos neu zu denken, d. h. über die Weiterentwicklung der Produkte und Dienstleistungen hinausgehend, sowie das gesamte Geschäftsmodell neu planen (radikale Neuentwicklung des Geschäftsmodells ohne Denkverbote)
6. Ergebnisse aus 5. verabschieden, Unterlagen erstellen und Finanzierungsgesuch stellen

7. Erfolgreiches Finanzierungsgesuch aus 6. umsetzen
8. Anpassung der Vision und Mission
9. Grundannahmen und Veränderungsbedarf für „neue" Unternehmenskultur identifizieren
10. Change-Agent-Team etablieren
11. Detailkonzeption und Umsetzungsplan starten.

**Praxisbeispiele zu Crowdfundingfinanzierung können exemplarisch unter den nachfolgenden Webseiten abgerufen werden:**

* https://www.marketing-faktor.de/crowdfunding-beispiele
* https://www.startnext.com/blog/Blog-Detailseite/die-10-erfolgreichsten-cro wdfunding-projekte-auf-startnext~ba920.html
* https://www.crowdfunding.de/projekte/.

## 5.6   Affiliation

Das Geschäftsmodellfinanzierungsmuster „Affiliation" wird häufig auch als „Affiliate Marketing" bezeichnet. Ein „Affiliate" ist einfach ausgedrückt nichts anderes als ein Partner bzw. Geschäftspartner. Der Clou liegt einerseits darin, den eigenen Kundenstamm für andere Geschäftspartner zu öffnen und andererseits den Kunden idealerweise komplementäre Produkte des Geschäftspartners aktiv zu empfehlen und anzubieten, die diesen einen zusätzlichen Wert bieten. Der Vertragspartner ist der Geschäftspartner und dem Unternehmen wird der Vergütungsanspruch in der Regel automatisch über personalisierte Weblinks des Geschäftspartners mittels spezialisierter Affiliate-Dienstleister ausgezahlt. Dieses Verfahren ist seit vielen Jahren im e-Business etabliert und sehr einfach umsetzbar.

Andererseits kann das Unternehmen selbst wiederum die Kundenbasis des Geschäftspartners nutzen und seine Umsätze erhöhen. Damit sind Unternehmen aus dieser Sicht in der Lage, mit minimalem Aufwand ohne zusätzliche aktive Vertriebs- oder Marketingmaßnahmen Zugang zu einem neuen Kundenstamm zu erhalten.

Das Geschäftsmodellmuster „Affiliate" nimmt zudem in der Bildung und Umsetzung von geschäftlichen Ökosystemen eine bedeutende Rolle ein.

*Tipp:*
Unternehmen, die ihren Kundenstamm nicht via Affiliate für Geschäftspartner öffnen möchten oder können, sollten dieses Thema gar nicht erst ansprechen, sondern ggf. direkt über eine „White-Label"-Kooperation nachdenken und diese verhandeln sowie umsetzen, sofern das Produktportfolio des Geschäftspartners für die eigenen Kunden komplementär ist.

Das Geschäftsmodellfinanzierungsmuster Affiliate weist auch inhaltliche Überschneidungen mit dem Geschäftsmodellfinanzierungsmuster aus, das in der Literatur unter dem Begriff „Cross-selling" zu finden ist. Bei beiden Instrumenten wird das Angebotsportfolio des Unternehmens erweitert. An dieser Stelle scheint der erneute Hinweis angebracht, dass die Unterschiede zwischen den Geschäftsmodellfinanzierungsmustern teils marginal und auch als fließend zu verstehen sind (Tab. 5.6).

**Empfohlene Vorgehensweise:**

1. Komplementäres Produktportfolio für die Kunden identifizieren
2. Potenzielle Geschäftspartner für erweitertes Produktportfolio identifizieren
3. Referenzen prüfen
4. Test/Piloten vereinbaren und umsetzen
5. Über weitere Vorgehensweise und Ausbau der Kooperation entscheiden
6. Marketing und Kommunikation planen sowie umsetzen
7. Detailkonzeption und Umsetzungsplan starten.

**Tab. 5.6** Vor- und Nachteile von Affiliation

| Vorteile | Nachteile |
|---|---|
| • Sehr schnell und einfach umsetzbar<br>• Sicheres und etabliertes Verfahren im e-Business<br>• Sichere Zahlung<br>• Keine Haftung, da der Geschäftspartner zugleich Vertragspartner ist<br>• Höhere Umsätze und Liquidität zur Finanzierung der digitalen Transformation des Unternehmens | • Wenn der Kundenstamm nicht für den Geschäftspartner umsetzbar ist, „White-Label" als Alternative prüfen<br>• Evtl. Vertrauensschaden für das Unternehmen prüfen, wenn empfohlenes Produkt/Dienstleistung des Geschäftspartners nicht die Kundenerwartungen erfüllt |

Quelle: Eigene Darstellung

**Affiliation Praxisbeispiele:**

• Ein Pauschalurlaubportal bietet auch Leihwagen und/oder Reiseversicherungen an
• Ein Marketplace verkauft Fernseher und zusätzlich gibt es ein Installationsangebot eines Geschäftspartners. Beides wird in einem Bundle an den Kunden verkauft.
• Eine Plattform wie z. B. www.vergleich.org testet und empfiehlt Produkte und führt den Leser über einen „Affiliate-Link" auf einen Marketplace, wo das Produkt gekauft werden kann. Beim Kauf wird automatisch eine Provision für in diesem Fall www.vergleich.org fällig.

## 5.7    White und Private Label

Der Geschäftsmodellfinanzierungansatz „White Label" kann unter anderem als Alternative zum Ansatz „Affiliation" betrachtet werden, sofern sich ein Unternehmen aus Sicht der eigenen Kunden nicht erkennbar für Produkte oder Dienstleistungen des Geschäftspartners öffnen kann oder möchte.

Der White-Label-Ansatz ist im Grunde genommen nichts Neues in der Geschäftswelt. Zu den bekanntesten White-Label-Beispielen zählen die zahlreichen Handelsmarken der Lebensmitteldiscounter, die von White-Label-Produzenten hergestellt werden. Dies bedeutet, dass die White-Label-Produkte nicht exklusiv für ein Unternehmen produziert werden, sondern ebenfalls für zahlreiche andere Unternehmen mit unterschiedlichen Markennamen. White-Label-Produkte erwecken den Anschein, vom Unternehmen selbst produziert worden zu sein, was im eigenen Geschäftsmodell durchaus ein interessanter Aspekt sein kann. Der Vorteil kann darin bestehen, dass es für verschiedene Kundensegmente einfacher wird, die sogenannte „Konsumenrente" durch eine Preisdifferenzierung abzuschöpfen und damit den Umsatz ebenso wie den Profit zu erhöhen. Hierin besteht auch das Ziel der vorliegenden Publikation, um die digitale Transformation aus Eigenmitteln finanzieren sowie ermöglichen zu können.

Bei der exklusiveren White-Label-Variante handelt es sich um den sogenannten Private-Label-Ansatz. Der Unterschied zum White-Label-Ansatz besteht darin, dass bei letzterem die Produkte exklusiv für einen bestimmten Verkäufer hergestellt werden. Dieser kann das Produkt oder die Dienstleistung ganz nach seinen Wünschen und Bedürfnissen verändern oder verbessern. Damit können neue Werteversprechen im Rahmen eines Premiumsegments und einer Kundenstrategie auf einfache Weise umgesetzt werden. Hierdurch lassen sich noch höhere Gewinne sowie Liquidität für die eigentliche Umsetzung der digitalen Transformation erwirtschaften. Das White-Label-Produkt ist in diesem Kontext als Basisprodukt zu verstehen. Wird es abgeändert und verbessert, so hat man sein eigenes Private-Label-Produkt erschaffen und auf diese Weise ein Alleinstellungsmerkmal (USP) generiert (Tab. 5.7).

**Empfohlene Vorgehensweise:**

1. Komplementäres Produktportfolio für aktuelle und/oder neue Kundensegmente identifizieren
2. White-Label-Produktliste erstellen
3. White-Label-Hersteller identifizieren
4. Private-Label-Produkte für aktuelle und/oder neue Kundensegmente definieren und die Verbesserung als den USP festlegen
5. Private-Label-Produktliste erstellen
6. Potenzielle White-/Private-Label-Produzenten identifizieren
7. Bezugspreise, Verfügbarkeiten und Liefersicherheit klären
8. Marketing und Absatzplanung durchführen
9. Test/Piloten vereinbaren und umsetzen
10. Über weitere Vorgehensweise und Ausbau der Kooperation entscheiden
11. Marketing und Kommunikation planen sowie umsetzen
12. Detailkonzeption und Umsetzungsplan starten.

**Tab. 5.7**  Vor- und Nachteile von White und Private Labels

| Vorteile | Nachteile |
| --- | --- |
| • Schnell und einfach umsetzbar<br>• Einfache Erweiterung des Angebotsportfolios<br>• Erschließung neuer Kundensegmente<br>• Umsatzerhöhung insbesondere mit Bestandskunden<br>• Höhere Umsätze und Liquidität zur Finanzierung der digitalen Transformation des Unternehmens | • Ggf. höhere Lieferzeiten der Produzenten (Cross-Shipping-Möglichkeiten mit den Produzenten klären)<br>• Möglicher Vorfinanzierungsbedarf in der Beschaffung, der durch Liefermengenanpassung gesteuert werden kann |

Quelle: Eigene Darstellung

**White/Private Label Praxisbeispiele:**

• Handelsmarken der Lebensmitteldiscounter
• Viele Produkte auf dem Marktplatz Amazon, die unter dem Programm „Fulfillment by Amazon (FBA)" angeboten werden.

## 5.8    Pay per Use

Der Ansatz „Pay per Use" betrifft die Zahlung für die Inanspruchnahme von Produkten und/oder Dienstleistungen und nicht für deren Bereitstellung. Dies bedeutet, dass in diesem Ansatz die tatsächliche Nutzung einer Dienstleistung oder eines Produkts gemessen wird.

Der Kunde zahlt den Preis auf Basis der Logik „Preis x verbrauchter Menge". Der Vorteil von Pay per Use besteht darin, dass der Kunde, der das Angebot nutzt, bei einem Nachfragerückgang weniger bezahlt und umgekehrt bei einer Nachfragesteigerung mehr verbraucht sowie entsprechend einen höheren Betrag entrichtet. Viele Unternehmen wünschen sich derartige „atmende" Kostenstrukturen, die sich der aktuellen Nachfrage anpassen. Genau diese Art von Unternehmen können potenzielle neue Kunden für das eigene Produkt- bzw. Dienstleistungsportfolio darstellen (Tab. 5.8).

**Empfohlene Vorgehensweise:**

1. Aktuelle und/oder neue Kundensegmente für „Pay per use"-Eignung identifizieren

**Tab. 5.8**  Vor- und Nachteile von „Pay per Use"

| Vorteile | Nachteile |
|---|---|
| • Sehr gut für digitale Produkte und Dienstleistungen geeignet <br>• Erweiterung des Angebotsportfolios <br>• Erschließung neuer Kundensegmente <br>• Umsatzerhöhung, höherer Gewinn und Liquidität zur Finanzierung der digitalen Transformation des Unternehmens | • Ggf. aufwendige Umsetzung je nach Produkt-/Dienstleistungstyp (insbesondere bei nicht digitalen Produkten/Dienstleistungen) <br>• Aufwändigeres Produktmanagement (Transparenz im Produkt und Preis, Vergleichsmöglichkeit durch Kunden) |

Quelle: Eigene Darstellung

2. Machbarkeit „Pay per Use" für aktuelles Produkt-/Dienstleistungsportfolio prüfen
3. Ggf. neue Produkte/Dienstleistungen für „Pay per Use" entwickeln
4. Marketing und Absatzplanung durchführen
5. Test/Piloten vereinbaren und umsetzen
6. Über weitere Vorgehensweise und Ausbau von „Pay per Use" entscheiden
7. Marketing und Kommunikation planen sowie umsetzen
8. Detailkonzeption und Umsetzungsplan starten.

**Pay per Use Praxisbeispiele:**

• Abrechnung von Betriebsstunden für Flugzeugtriebwerke oder Personenaufzüge
• Abrechnung von gebohrten Löchern anstelle des Kaufs von Bohrmaschinen
• Abrechnung nach Anzahl der gefahrenen Kilometer.

## 5.9  Flatrate

Bei dem Geschäftsmodellfinanzierungmuster „Flatrate" wird ein Festpreis für ein Produkt oder eine Dienstleistung erhoben, unabhängig von deren tatsächlicher Nutzung (siehe hierzu auch „Pay per use") oder anderen möglichen Einschränkungen.

Im Gegensatz zu den Kunden, die die „Flexibilität" des „Pay per Use"-Geschäfts-modellfinanzierungsmusters als eine Hauptanforderung haben, schätzen Nutzer der „Flatrate" die klare Preistransparenz sowie die Planungs- und Kostenkontrolle und profitieren davon.

Für das Unternehmen besteht der Vorteil darin, dass es mithilfe des „Flatrate"-Preismodells eine konstante Einnahmequelle etabliert, die dem Modell „Subscription" (also dem Abonnement-Modell) stark ähnelt.

Gerade für digitale Produkte und Dienstleistungen eignet es sich auch, eine Kombination aus den Modellen „Pay per Use" und „Flatrate" als Preis- und Leistungsmodell anzubieten. Auch kann ein ergänzendes Werteversprechen wie z. B. eine Best-Tarif-Garantie für den Kunden offeriert werden, indem ein „Tarifwächter" zum Zeitpunkt der Rechnungsstellung automatisch den für den Kunden günstigeren Tarif auswählt und in Rechnung stellt. Der Fantasie bezüglich der

Kombinationen der Geschäftsmodellfinanzierungsmuster sind nahezu keine Grenzen gesetzt, jedoch sollten auch der Pflege- und Aktualisierungsaufwand sowie die Komplexität bei der Rechnungsstellung beachtet werden.

Hinweis:

Es ist nochmals darauf hinzuweisen, dass das „Flatrate"-Modell auf der vertrieblichen bzw. debitorischen Seite des Geschäftsmodells nicht durch ein konkurrierendes Modell auf der kreditorischen Seite des Geschäftsmodells konterkariert wird. Diese ist für die Erbringung der Leistung auf der debitorischen Seite notwendig und wird auf der kreditorischen Seite durch einen Lieferanten bzw. Partner bezogen. In diesem Fall darf dies z. B. nicht dazu führen, dass bei dem diesbezüglichen Geschäftsmodelfinanzierungmuster die Kosten die Erlöse des zugehörigen debitorischen Geschäftsmodellfinanzierungsmusters übersteigen. Zwar scheint dies logisch und ist es auch, nur wird dies in der hektischen Praxis oft übersehen, was für das Unternehmen zu einer sehr teuren und unprofitablen Angelegenheit werden kann (Tab. 5.9).

**Empfohlene Vorgehensweise:**

1. Aktuelle und/oder neue Kundensegmente für „Flatrate"-Eignung identifizieren

2. Machbarkeit der „Flatrate" für aktuelles Produkt-/Dienstleistungsportfolio prüfen

3. Historisches, aktuelles und künftiges Kundennutzenverhalten ermitteln

4. Schnittpunkte (Preis, Menge) zwischen „Flatrate" und „Pay per Use" ermitteln

5. Genutzte Mengen des Kunden müssen auch im „Flatrate"-Modell gemessen werden können

**Tab. 5.9** Vor- und Nachteile der Flatrate

| Vorteile | Nachteile |
|---|---|
| • Sehr gut für digitale Produkte und Dienstleistungen geeignet<br>• Erweiterung des Angebotsportfolios<br>• Erschließung neuer Kundensegmente<br>• Umsatzerhöhung, höherer Gewinn und Liquidität zur Finanzierung der digitalen Transformation des Unternehmens | • Ggf. aufwendige Umsetzung je nach Produkt-/Dienstleistungstyp (insbesondere bei nicht digitalen Produkten/Dienstleistungen)<br>• Aufwändigeres Preis- und Produktmanagement (Transparenz im Produkt und Preis, Vergleichsmöglichkeit durch Kunden) |

Quelle: Eigene Darstellung

6.  Existierendes Kundenportfolio dem Geschäftsmodellfinanzierungsmuster „Flatrate"/„Pay per Use" zuordnen und vor der Einführung eine Profitabilitätsbetrachtung durchführen

7.  Ggf. Mengendeckelung für Flatrate in die allgemeinen Geschäftsbedingungen einbauen

8.  Marketing- und Absatzplanung durchführen

9.  Test/Piloten vereinbaren und umsetzen

10. Über weitere Vorgehensweise und Ausbau „Flatrate" entscheiden

11. Marketing und Kommunikation planen und umsetzen

12. Detailkonzeption und Umsetzungsplan starten.

**Praxisbeispiele:**

- Flatrate Internet/Mobilfunk
- Flatrate für Autowaschanlagen
- Flatrate für die Nutzung von digitalen Assistenten.

## 5.10  Auction

Das Geschäftsmodellfinanzierungmuster Auction ist in nahezu allen *Geschäftsmodellen* anwendbar. Eine Auktion führt dazu, dass ein Produkt oder eine Dienstleistung an den Höchstbietenden verkauft wird.

Der Endpreis, der in der Regel durch den Höchstbietenden gezahlt wird, ergibt sich, wenn ein bestimmter Endzeitpunkt der Auktion erreicht ist oder wenn keine höheren Angebote mehr eingehen. Dies ermöglicht es dem Unternehmen, das Produkt zum höchsten für den Kunden akzeptablen Preis zu verkaufen. Der Kunde wiederum profitiert von der Möglichkeit, den Preis des Produktes zu beeinflussen.

Das Geschäftsmodellfinanzierungsmuster „Auction" eignet sich insbesondere als Ergänzung zu den bereits angewendeten Modellen in einem Unternehmen. Speziell saisonale Sonderaktionen, besondere Ereignisse (Jubiläen, gesellschaftliche Großveranstaltungen) und sonstige Aktionen stellen gute Möglichkeiten dar, um mit dem Modell „Auction" den Absatz zusätzlich zu erhöhen. Gerade auch der „Spielfaktor" als psychologischer Aspekt sollte bei einer Auktion in die Überlegungen miteinbezogen warden (Tab. 5.10).

**Tab. 5.10**   Vor- und Nachteile der Auction

| Vorteile | Nachteile |
|---|---|
| • Sehr gut für homogene Produkte und Dienstleistungen geeignet<br>• Sehr gut zur temporären Erhöhung des Absatzes geeignet<br>• Umsatzerhöhung, höherer Gewinn und Liquidität zur Finanzierung der digitalen Transformation des Unternehmens<br>• Einfache Nutzung bestehender Auktionsplattformen | • Ggf. aufwendige Umsetzung je nach Produkt-/Dienstleistungstyp (insbesondere bei nicht digitalen Produkten/Dienstleistungen)<br>• Aufwändigeres Preis- und Produktmanagement (Transparenz im Produkt und Preis, Vergleichsmöglichkeit durch Kunden) |

Quelle: Eigene Darstellung

Jedoch gestaltet sich das Thema „Auktion" thematisch komplexer, als auf den ersten Blick vermutet werden könnte. Grundsätzlich wird in Anbieter- und Nach-frageauktionen unterschieden. Zudem gibt es verschiedene relevante Auktionsver-fahren wie z. B. die englische und die holländische Auktion sowie die bekannteste Form der geheimen Höchstbietenden-Auktion. Deshalb wird zunächst empfohlen, sich im Detail bezüglich der Auktionsverfahren zu informieren (Popp und Weintz 2020, S. 648).

**Empfohlene Vorgehensweise:**

1. Grundwissen bzgl. Auktionsmarktplätzen aneignen
2. Auktionskonzept pro Geschäftsjahr planen und verabschieden
3. Über Auktionsplattform entscheiden
4. Erstmalige Auktion planen
5. Marketing und Kommunikation planen und umsetzen
6. Über weitere Vorgehensweise und Ausbau „Flatrate" entscheiden.

**Praxisbeispiele:**

• Ebay-Marktplatz
• Auktionsplattformen in Business-to-Business Cooperation

## 5.11 Zusammenfassung und Handlungsempfehlung der innovativen Finanzierungsinstrumente

Abschließend bleibt festzuhalten, dass alle Finanzierungsinstrumente zur digitalen Transformation einen positiven Cash-Effekt vorweisen und somit zur Erhöhung der finanzwirtschaftlichen Stabilität beitragen. Gleichzeitig ist durch den unmittelbaren Zusammenhang einer positiven Unternehmensliquidität und eines guten Ratings eine verbesserte Ausgangssituation für die Finanzierung des gesamten Geschäftsmodells zu erkennen, da das Rating einen wesentlichen Parameter für die Unternehmensfinanzierung darstellt und des Weiteren Kapitalgeber die niedrigere Ausfallwahrscheinlichkeit mit günstigeren Finanzierungskonditionen versehen. Zu berücksichtigen ist jedoch die Implementierungsdauer, da bspw. Add-ons, Freemium-Angebote, Crowdfunding, Flatrates und Auctions kurzfristig umsetzbar sind, während Aikido, SLA, Affiliation, White and Private Label sowie Pay per Use mit einer mittelfristigen Implementierungsdauer zu implementieren sind. Zudem ist zu beachten, dass nicht alle Finanzierungsinstrumente in Eigenregie umzusetzen sind und somit Implementierungs- und/oder Folgekosten entstehen können. In der nachfolgenden Abbildung werden die wesentlichen Erkenntnisse diesbezüglich zusammengefasst (Tab. 5.11).

**Tab. 5.11** Bewertungszusammenfassung der innovativen Finanzierungsinstrumente

| Finanzierungsinstrumente | Kurzfristige Umsetzung (< 3 Monate) | Mittelfristige Umsetzung (> 3 < 9 Monate) | Erhöhung Liquidität und Cashflow | Überwiegend in Eigenregie ohne Einbindung Dritter (z. B. Banken, Juristen etc.) umsetzbar | Keine oder geringe formale (externe) Anforderungen an Bereitstellung von Unternehmensinformationen an Dritte |
|---|---|---|---|---|---|
| Add-on (Zusatzleistungen) | ✓ | | ✓ | ✓ | ✓ |
| Freemium-Angebot | ✓ | | Indirekt (Folgegeschäft) | ✓ | ✓ |
| Aikido | | ✓ | ✓ | ✓ | ✓ |
| Dienstleistungsvereinbarungen (Service Level Agreement) | | ✓ | ✓ | | |
| Crowdfunding | ✓ | | ✓ | ✓ | |
| Affiliation | | ✓ | ✓ | | |
| White and Private Label | | ✓ | ✓ | ✓ | ✓ |
| Pay per Use | | ✓ | ✓ | | ✓ |
| Flatrate | ✓ | | ✓ | | ✓ |
| Auction | ✓ | | ✓ | ✓ | ✓ |

Quelle: Eigene Darstellung

# Bibliographie

Gassmann, Oliver, Karolin Frankenberger, Michaela Choudury. 2021. *Der St. Galler Business Model Navigator: 55+ Karten zur Entwicklung von Geschäftsmodellen*. München: Carl Hanser Verlag.

Kollmann, Tobias. 2020. *Handbuch Digitale Wirtschaft*. Wiesbaden: Springer Gabler.

Popp, Bastian, Davina Weintz. 2020. Online-Auktionsmarktplätze. In *Handbuch Digitale Wirtschaft*, Hrsg. Kollmann, Tobias, 648. Wiesbaden: Springer Gabler.

# Fazit

# 6

Im Rahmen des vorliegenden Werks wurden die klassischen Finanzierungsinstrumente der Unternehmensfinanzierung und die Geschäftsmodellfinanzierungsmuster eingehend Schritt für Schritt für die betriebliche Praxis vorgestellt. Hierdurch soll eine Vergrößerung des betrieblichen Handlungsspielraums zur Finanzierung der digitalen Transformation erzielt werden. Die Stärkung des eigenen Geschäftsmodells und der finanziellen Ergebnisse sollte immer die höchste Priorität einnehmen. Besondere Effekte wie z. B. Pandemien können diese Pläne jedoch durchkreuzen. Um in genau solchen Situationen eine Heilung zu erzielen, sind die Geschäftsmodellfinanzierungsmuster hervorragend dazu geeignet, das eigene Geschäftsmodell diversifizierter und damit robuster wieder aufzustellen bzw. neu auszurichten. In dieser Publikation wurden die zehn Geschäftsmodellfinanzierungsmuster thematisiert, die sich aus Sicht der Autoren am besten für die digitale Transformation eignen. Diesbezüglich existieren jedoch noch 50 weitere sehr interessante Geschäftsmodellfinanzierungsmuster, die die eigenen unternehmerischen Handlungsspielräume zur Finanzierung von Zukunftsinvestitionen in die Digitalisierung noch umfassender erweitern und ermöglichen können. Diese Publikation möge genau dazu einen wertvollen Beitrag geleistet und Inspiration zur Gestaltung der unternehmerischen Zukunft in der Digitalwirtschaft geboten haben.

© Der/die Autor(en), exklusiv lizenziert an Springer Fachmedien Wiesbaden GmbH, ein Teil von Springer Nature 2022
D. Stein et al., *Finanzierung der Digitalen Transformation*, essentials,
https://doi.org/10.1007/978-3-658-39440-0_6

# Was Sie aus diesem *essential* mitnehmen können

- Selbstfinanzierungsinstrumente der Digitalen Transformation ohne externe Geldgeber
- Praktische Überlegungen für die Planung und Umsetzung der Digitalisierung in Ihrem Unternehmen
- Der kurze Weg von den Selbstfinanzierungsinstrumenten zum neuen Geschäftsmodell mit schnellen Erfolgen
- Schritt für Schritt: Umsetzungsanleitung zur Nutzung der neuen innovativen Selbstfinanzierungsinstrumente

Printed in the United States
by Baker & Taylor Publisher Services